中南民族大学法学文库

遗传资源专有权保护研究

何 平 ◎ 著

中国社会科学出版社

图书在版编目(CIP)数据

遗传资源专有权保护研究 / 何平著. —北京：中国社会科学出版社，2019.10

（中南民族大学法学文库）

ISBN 978-7-5203-5485-1

Ⅰ.①遗… Ⅱ.①何… Ⅲ.①种质资源-知识产权保护-研究 Ⅳ.①D913.404

中国版本图书馆 CIP 数据核字（2019）第 232400 号

出 版 人	赵剑英
责任编辑	任　明
责任校对	王　龙
责任印制	郝美娜

出　　版	中国社会科学出版社
社　　址	北京鼓楼西大街甲 158 号
邮　　编	100720
网　　址	http://www.csspw.cn
发 行 部	010-84083685
门 市 部	010-84029450
经　　销	新华书店及其他书店

印刷装订	北京君升印刷有限公司
版　　次	2019 年 10 月第 1 版
印　　次	2019 年 10 月第 1 次印刷

开　　本	710×1000　1/16
印　　张	13
插　　页	2
字　　数	195 千字
定　　价	75.00 元

凡购买中国社会科学出版社图书，如有质量问题请与本社营销中心联系调换
电话：010-84083683
版权所有　侵权必究

中文摘要

"生物剽窃"引发学界对遗传资源保护的关注和对遗传资源持有人应有权利的思考。遗传资源保护是一个存在争议的重要问题，虽然在国际层面缔结了公约，且大多数成员国也有国内立法，但是否给予权利保护以及给予何种权利保护却没有形成一致意见。本书认为，遗传资源持有人应有权利的缺失是造成传统部族或社区及其所在发展中国家无法公平分享遗传资源商业利用所产生的惠益的根本原因。因此，遗传资源法律保护体系的目标是承认遗传资源持有人对遗传资源的支配权，维护遗传资源的可持续发展，并促进生物多样性保护与生物技术的平衡发展，实现遗传资源持有人收益与知识产权人收益的同步增长。该政策目标无法通过公法手段实现，只有借助私法形式。作为私法保护模式，合同只能为遗传资源交易和保护提供形式公平，知识产权制度也只能起到消极的防止不当占有的防御作用，唯有创设遗传资源专有权才能实现积极的财产利益。

第一章遗传资源的概念界定。本书基于伦理考虑，作为研究对象的遗传资源仅包括动植物和微生物遗传资源，而不包括人类遗传资源。从生物多样性视角，遗传资源就蕴藏在遗传多样性中，自然界的遗传多样性发生在地球上所有物种的基因之上，当基因对人类具有现实或潜在的价值时，就成为遗传资源。从生物技术视角，遗传资源是与生物技术紧密相关的物质，既可能是生物技术发明必不可少的前提条件，也可能是引导生物技术发明产生的辅助条件，还可能是生物技术发明实施的必要条件。遗传资源具有分布的地域性、价值的稀缺性、对象的复合性、开发的科技性四大特征，即遗传资源主要分布在热带、亚热带的发展中国家，虽然是可再生的自然资源，但总量正在急剧下降，遗传资源越来越成为稀缺资源。遗传资源不能脱离生物资源而存在，但其价值核心在于内在的无形的遗传信息而非物质载体本身。遗传资源的价值不会自动显现，而是必须借助科学技术手段尤其是现代生物技术才能得以开发和利用。遗传资源在农业、医药业应用最为活跃，作用最为显著。

第二章域外遗传资源法律保护的做法及其评价。从国际组织、主要国家两个层面介绍遗传资源保护的做法。从国际组织层面看，世界粮农组织《粮食和农业植物遗传资源国际条约》确立"农民权"概念，保护发展中国家农民对遗传资源价值增加的贡献；联合国环境规划署《生物多样性公约》首次为遗传资源获取和惠益分享制定制度框架，提出遗传资源的主权、知情同意、来源披露和惠益分享四大原则，之后的《波恩准则》《名古屋议定书》都是在此基础上对原则具体化的努力；世界知识产权组织成立专门机构研讨遗传资源保护与知识产权关系的问题，但尚未有制度性的成果；世界贸易组织对遗传资源权益未做制度安排，但2001年开始对《与贸易有关的知识产权协定》与遗传资源保护的关系作出回应。从国家层面来看，生物技术先进的主要发达国家侧重以私人合同方式来规范遗传资源获取和利用关系，对从国外获取遗传资源的管制较少。而遗传资源丰富的发展中国家则强调遗传资源保护上国家管制和私权保护的双管齐下。综览国际公约规定和主要国家做法，采取合同模式对遗传资源保护存在严重不足，合同的相对性带来遗传资源原始持有人的追偿困难，合同的形式公平常掩盖实质公平，且单一的合同模式容易陷入多个主体重复谈判的境地。另一方面，遗传资源专有权概念虽然在现行法律中没有明确出现，但其产生和演进的历史逻辑清晰可见：从"无主物"演变为受特定主体控制的物；从国家主权过渡到私人性权利。

第三章遗传资源专有权的私法证成。建构一个新的权利概念，从法解释学上看，是一个法的发现过程，包括对特定利益客观存在的事实发现和对特定利益的可保护性的法律发现。从私法角度，这种发现过程包含三个方面：遗传资源专有权的观念基础——遗传资源作为新型财产；遗传资源专有权的法哲学、经济学基础——遗传资源专有权的价值评判；遗传资源专有权的建构路径——遗传资源专有权的法政策选择。从财产概念的发展来看，财产由有形向无形的拓展为遗传资源成为财产客体提供了空间，从单维的所有权向多维的权利束转变为遗传资源专有权的设立提供了思路。从法哲学的基础来看，自然权利理论中的劳动说和先占说，可以成为该权利合理性的解释。遗传资源虽然具有天然属性，但其价值的增加是传统部族和社区长期培育、筛选和保存的结果，凝结了集体的智慧和劳动。野生遗传资源本质上与集体劳动没有关联，但为维持和谐的自然状态，作为事实上先占人的农民或其所在国是取得遗传资源专有权的最合适人选；公平正义论为遗传资源赋权型保护提供价值基础，遗传资源持有者公平分享遗传资源商业利用所产生的惠益的要求在现有法律制度下无法得到满足，出于正义要求，应创设遗传资源专有权来实现这种诉求。从经济学的基础来看，遗传资源财产化符合激励论和博弈论。激励论关注财产权本身的功能，论证对具有公共产品属性的遗传资源提供赋权型保护的合理性；根据博弈论，遗传资源利用中的各方权益必须借助遗传资源持有者与生物技术研发者之间的合作才能实现。但是考察知识产权制度的工具性特点，合作很难实现，唯有建构新的遗传资源专有权保护制度才能突破合作瓶颈。从建构路径来看，从客体界定到权利界定，从权利推定到权利确认，从价值实现到法律实现，其基础是法律权利效用观的强化，即遗传资源专有权的规范建构应当出于三个公共政策的选择：一是确保遗传资源的持续利用；二是保障遗传资源利用的惠益分享；三是提高发展中国家的民族自决能力。

第四章遗传资源专有权的制度设计。建构遗传资源专有权制度时应该站在交易成本的视角，从权利的主体、客体和行使、保护等各个方面进行成本—收益分析，这样的制度设计才是有效率的。遗传资源专有权的客体，不包括有形生物资源、无形智力成果和传统知识，仅界定为与其生物载体不可分离、未经人工干预的无形的生命物质信息，这有利于保护遗传资源的核心价值，降低协商成本。遗传资源专有权的主体，不应该是国家或个人，应该是传统部族或当地社区，并设立权利人的集体代表人行使机制，以降低搜寻成本，提高权利行使效率；在立法实践中，遗传资源专有权的社区主体理论宜与现行的生物资源主体制度同步对接，按照生物资源权属的规定对应适用（个人所有除外）。遗传资源专有权的内容，包括程序性权利和实质性权利，前者是参与权，后者有知情权、样本提取权、初始复制权和惠益分享权；在权利配置模式上坚持财产规则，在实际运用中较责任规则更能降低遗传资源专有权人的保护成本以及供需双方的合作成本。遗传资源专有权的限制，主要包括合理使用和强制许可两种类型。遗传资源专有权的配套保护制度，有权利法定制度、专项基金制度、法定合同制度、知识产权制度的利用以及尊重习惯法等。

第五章遗传资源专有权与知识产权制度的协调。作为知识产权的在先权利，遗传资源专有权对知识产权的影响值得研究。遗传资源专有权与知识产权并不是"你死我活"的权利冲突关系，而是"你强我弱"的竞争关系。遗传资源专有权与知识产权之间既有利益冲撞的对立一面，又有人权意蕴相容的一面，并且在国际保护体制上也存在制度协调的空间。为避免遗传资源专有权像知识产权那样陷入产权工具主义的境地，导致生物技术产业在双重垄断下陷入举步维艰的局面，遗传资源专有权作为知识产权的在先权利不宜一味地谋求独占性利益，二者应该一体保护，并同时降低独占性，具体协调规则包括将遗传资源知情权作为专利授权的适度刚性的实质条件；将遗传资源样本提取权和初始复制权作为专利授权的绝对刚性的实质条件；而遗传资源利益分享权则在专利制度上不作要求。

第六章我国遗传资源专有权保护的困境和对策。我国遗传资源专有权保护制度的建构，应当遵循以下思路：首先，基于遗传资源主要分布在贫穷落后的民族地区，因此应重视发挥精准扶贫战略对建构遗传资源专有权保护制度的契机作用，结合民族自治地区的立法权优势，探索《民族地区遗传资源专有权保护条例》的早日出台。其次，遗传资源立法应考虑到我国两个角色定位，我国是遗传资源丰富的大国，在国际层面上是建立遗传资源专有权制度的受益者，但同时我国的生物技术正在赶超欧美，遗传资源立法应为我国生物技术产业的发展预留合理的空间。最后，我国建构遗传资源专有权保护制度宜先从地方层面开始，待地方经验成熟后再上升为国家立法，并且采取公权监管和私权保护相结合的立法模式。我国遗传资源专有权保护的对策具体包括以下四个方面：一是通过建立数据库、尊重习惯法等手段改善政府行为加强遗传资源专有权保护。二是充分利用现有制度，如保护遗传资源存续的种质资源制度和旨在发掘经济效益的地理标志制度，以及专利法中的"遗传资源条款"为遗传资源专有权保护提供基础。三是探索遗传资源专有权立法上的突破，界定社区作为遗传资源专有权主体，采取分阶段设立遗传资源专有权集体代表行使主体的做法。在主体立法上要将理论中的社区主体与现实立法中的生物资源权属主体有序对接。四是建立公法管理与私法保护并重的综合立法体系。

关键词： 遗传资源专有权　知识产权　惠益分享　来源披露

目 录

导论 ……………………………………………………………………（1）
    一 研究背景 …………………………………………………（1）
    二 研究现状 …………………………………………………（5）
    三 研究范围和思路 …………………………………………（9）
    四 研究方法和创新点 ………………………………………（14）

第一章 遗传资源的概念界定 ……………………………………（17）
第一节 遗传资源的定义 …………………………………………（17）
    一 生物多样性视角下对遗传资源的理解 …………………（17）
    二 生物技术视角下对遗传资源的理解 ……………………（20）
第二节 遗传资源的特征和价值 …………………………………（22）
    一 遗传资源的特征 …………………………………………（22）
    二 遗传资源的价值 …………………………………………（24）

第二章 域外遗传资源法律保护的做法及其评价 ………………（26）
第一节 遗传资源法律保护的国际探索和实践 …………………（26）
    一 世界粮农组织对遗传资源保护的做法 …………………（26）
    二 联合国环境规划署对遗传资源保护的做法 ……………（27）
    三 世界知识产权组织对遗传资源保护的做法 ……………（28）
    四 世界贸易组织对遗传资源保护的做法 …………………（29）
第二节 遗传资源法律保护的地区和国家经验 …………………（30）
    一 遗传资源丰富、生物技术发达的国家保护遗传资源的
       做法 ………………………………………………………（30）

二　遗传资源欠丰富、生物技术发达的国家保护遗传资源的做法 ……………………………………………………………（31）
    三　遗传资源丰富、生物技术欠发达的国家保护遗传资源的做法 ……………………………………………………………（35）
  第三节　对域外遗传资源法律保护实践的评价 ………………（41）
    一　遗传资源合同保护模式的不足 ……………………………（41）
    二　遗传资源专有权产生和演进的历史逻辑清晰 ……………（44）

第三章　遗传资源专有权的私法证成 ……………………………（50）
  第一节　遗传资源专有权的观念基础 …………………………（50）
    一　财产概念的演进 ……………………………………………（51）
    二　遗传资源成为财产 …………………………………………（55）
  第二节　遗传资源专有权的法哲学、经济学基础 ……………（58）
    一　遗传资源专有权的法哲学基础 ……………………………（58）
    二　遗传资源专有权的经济学基础 ……………………………（66）
  第三节　遗传资源专有权的建构路径 …………………………（72）
    一　从客体界定到权利界定 ……………………………………（72）
    二　从权利推定到权利确认 ……………………………………（73）
    三　从价值实现到法律实现 ……………………………………（77）

第四章　遗传资源专有权的制度设计 ……………………………（81）
  第一节　遗传资源专有权制度设计的交易成本视角 …………（81）
    一　交易成本理论简介 …………………………………………（82）
    二　交易成本理论对遗传资源专有权制度设计的意义 ………（83）
    三　遗传资源保护和利用中交易成本的构成及其影响 ………（84）
  第二节　遗传资源专有权的客体和权利形态 …………………（87）
    一　遗传资源专有权的客体 ……………………………………（87）
    二　遗传资源专有权的权利类型 ………………………………（95）
    三　遗传资源专有权的概念辨析 ………………………………（96）
  第三节　遗传资源专有权的主体 ………………………………（98）
    一　以"社区"作为遗传资源专有权主体 ……………………（98）

  二 社区主体权利的集体代表人行使机制 …………………（102）
  三 社区主体理论与现行民事主体立法的对接 ………………（104）
 第四节 遗传资源专有权的内容和限制 ……………………………（107）
  一 遗传资源专有权的内容 ……………………………………（107）
  二 遗传资源专有权的限制 ……………………………………（117）
 第五节 遗传资源专有权保护的配套机制 …………………………（121）
  一 权利法定 ……………………………………………………（121）
  二 专项基金 ……………………………………………………（122）
  三 格式合同 ……………………………………………………（122）
  四 知识产权制度的利用 ………………………………………（123）
  五 尊重习惯法 …………………………………………………（129）

第五章 遗传资源专有权与知识产权制度的协调 …………………（132）
 第一节 遗传资源专有权与知识产权的紧张关系及其成因 ………（132）
  一 遗传资源专有权与知识产权的紧张关系 …………………（132）
  二 遗传资源专有权与知识产权紧张关系的产生原因 ………（134）
 第二节 遗传资源专有权与知识产权协调的基础和基本
     思路 ……………………………………………………………（138）
  一 道义基础：人权范畴下的对立统一 ………………………（139）
  二 制度空间：CBD 与 TRIPS 的体制协调 …………………（142）
  三 思路：同时降低垄断性 ……………………………………（144）
 第三节 遗传资源专有权与知识产权制度协调的规则安排 ………（146）
  一 遗传资源知情权对专利授权的影响 ………………………（146）
  二 遗传资源样本提取权和初始复制权对专利授权的
    影响 …………………………………………………………（151）
  三 遗传资源惠益分享权对专利授权的影响 …………………（157）

第六章 我国遗传资源专有权保护的困境和对策 …………………（160）
 第一节 我国遗传资源保护的总体现状和主要问题 ………………（160）
  一 总体现状 ……………………………………………………（160）
  二 主要问题 ……………………………………………………（164）

第二节　构建我国遗传资源专有权保护制度的几点思路……（167）
　　一　发挥精准扶贫战略对遗传资源专有权保护制度的发展
　　　　契机作用……………………………………………………（167）
　　二　遗传资源立法基于资源优势和科技发展协调并行的
　　　　定位…………………………………………………………（169）
　　三　地方立法先国家立法而行 ………………………………（170）
　　四　公权监管和私权保护相结合 ……………………………（171）
第三节　我国遗传资源专有权保护的对策 ……………………（171）
　　一　改善政府行为加强遗传资源保护 ………………………（171）
　　二　充分利用现有制度保护遗传资源专有权 ………………（172）
　　三　探索遗传资源专有权立法上的突破 ……………………（176）
　　四　建立公法管理与私法保护并重的综合性立法体系 ……（182）

参考文献 ………………………………………………………（184）

后记 ……………………………………………………………（197）

导　　论

一　研究背景

理性思考，是从现实问题开始。

生物技术被认为是 20 世纪最后一次技术革命。以基因工程为代表的生物技术，深入利用遗传资源有目的地改良动植物性状与品质，创造出巨大的经济效益和社会效益，为人类解决粮食、健康和环境等重大问题提供了可能和途径。遗传资源已经成为各国争相控制、开发和利用的重要资源。但是，当遗传资源的获取、研发和利用呈现出商业化时，"生物剽窃"问题就开始凸显，并随之带来国际层面的关注和法学理论上的思考。

基于遗传资源在生物技术发明中的基础作用，争抢遗传资源成为知识产权领域内新一轮的"圈地运动"。发达国家打着"人类共同遗产"的旗号，采取各种手段，公开地或秘密地不断从发展中国家搜集遗传资源。一般来说，发达国家把生物资源的探索和收集的行为称为生物勘探（bio-prospecting）。发达国家的跨国公司和科研机构利用各种手段从世界各地，尤其是深入到偏远封闭的部族或社区去搜集遗传资源，因为他们发现当地人所使用的传统资源以及传统做法能给他们带来生物研发的灵感和方向。据调查，目前普遍使用的西药中，大约有 3/4 是来自于与传统医药相关的遗传资源，如阿司匹林、可卡因、吗啡和洋地黄素等。

然而，许多"生物勘探"案例显示，发达国家在获得传统社区和传统族群的遗传资源和相关传统知识，并在此基础上研发出创新成果取得专利权、赚取巨额利润之后，不仅没有与当地社区和族群合理分享商业利益，反而以高昂的售价将这些专利产品出口到作为遗传资源来源地的发展中国家。而发展中国家面对专利保护所带来的高昂的药品费用和粮食育种成本，除了进行道义上的谴责以外，几乎无计可施，只能眼睁睁地看着自己所持有的遗传资源被发达国家以知识产权的"合法"形式占有和使用，并由此承担更为严峻的经济问题和社会问题。如下即是几起典型案例。

姜黄案：1993年美国密西西比大学医药中心向美国专利商标局提出一种利用姜黄粉作为有效成分开发药品的专利申请。印度对此提出异议，印度科学与工业研究委员会向美国专利商标局出具书面证据，证明姜黄在印度作为传统药用植物使用已经有上千年的历史，要求美国重新审查该专利的新颖性。

巴斯马蒂水稻案：1997年美国专利商标局授予美国水稻技术公司一项"巴斯马蒂"水稻的专利。印度政府认为，该公司的专利侵犯其对巴斯马蒂水稻遗传资源和相关传统知识的权益，并提出对该水稻品种应适用原产地名称保护。因为巴斯马蒂水稻是印度的一种独特水稻品种，许多世纪以来一直为印度北方各州和巴基斯坦部分地区的农民种植和食用。在印度政府的压力下，美国专利商标局最终撤销并驳回了该专利中的绝大部分权利请求。

野生大豆案：类似的案例也在我国发生。20世纪末，全球头号种子公司美国孟山都公司从我国生长的一种野生大豆里，检测出了某种具有高产性状的基因"标记"。于是就用这一野生大豆品种作为亲本，与一栽培大豆杂交，培育出含有这种基因"标记"的大豆品种。2000年4月，孟山都公司据此向全球包括中国在内的101个国家提交专利申请，要求保护的专利权对象包括：这种基因"标记"，所有含有这种基因"标记"的大豆（无论是野生大豆还是栽培大豆）及其后代，以及生产这种高产大豆的育种方法和凡被植入基因"标记"的转基因植物。若此项专利授权通过，则意味着其他研究人员在未经孟山都公司同意的情况下，均无权使用上述大豆的遗传资源作为研究对象，农民也要被迫交付使用费才可以种植这些大豆。更为严重的后果是，美国借此敲开了中国引进转基因大豆的大门，不仅会使我国地方大豆品种逐渐被淘汰，而且由于我国控制不了大豆种子供应，国内食用油价格只得任由外资摆布。

这种情况下，我国无疑将蒙受更为重大的损失。

跨国种子公司的野心不仅在于收集遗传资源，其更大的目的是为了通过控制遗传资源和相关专利权来操纵粮食市场。这种判断绝非危言耸听，它已经在印度、阿根廷等国家成为事实。印度一直是棉花生产和消费大国，该国的棉花种植面积是世界上最大的，但棉花价格却没有控制在印度手上，原因是印度很早就在外国公司的帮助下进行了转基因棉的商业化种植，目前种植的绝大多数棉花都是转基因棉，而印度却对转基因棉的种子不享有权利，95%的种子都掌控在外国公司手上。由于控制不了种子供应，印度的棉花价格当然由外资来决定。自从棉花种子被孟山都公司控制后，近些年来印度市场种子价格上涨了80倍。① 为了改变现状，降低棉花种植成本，2015年印度本国种子公司不得不与孟山都公司谈判，希望降低某些基因性状特许权的使用费。如果谈判能成功，印度棉花种子的价格有望大幅降低13倍。然而，由于孟山都公司掌握着印度绝大多数棉花种子的专利权，谈判的困难可想而知。② 相似的案例也在阿根廷发生，孟山都公司在阿根廷陷入通货膨胀时乘虚而入，向农民免费发放转基因大豆种子，仅仅用了不到10年的时间，就成功地使阿根廷90%以上种植大豆的土地都用上孟山都公司的转基因大豆种子，而且种植大豆的面积占到该国近一半的农业粮食用地。之后孟山都公司开始向这些农民收取高昂的专利使用费。阿根廷就这样在"大豆革命"下丧失了本国粮食的自给能力。③

孟山都公司对自己的野心毫不掩饰，它预测："如果全球都采用转基因农产品，那么这将会在下一个10年内给公司带来每年2100亿美元的收入。"④ 目前全世界90%以上的农业生物技术都来源于孟山都，而通过各种手段从发展中国家攫取优质的遗传资源是孟山都实现野心的必

---

① 陈岩鹏、林晓：《孟山都中国攻略》，《华夏时报》2013年6月28日。
② 《印度研发自交系Bt棉花种子，绕开孟山都抗虫棉专利大坑》，载中国生物技术信息网 http://www.biotech.org.cn/information/137043，最后访问日期2017年3月5日。
③ 《阿根廷：全球第一个转基因实验品》，载中国乡村发现网 http://www.zgxcfx.com/Article/15770.html，最后访问日期2017年3月9日。
④ 陈岩鹏、林晓：《孟山都中国攻略》，《华夏时报》2013年6月28日。

备条件。

上述案例显示出遗传资源具有巨大的经济价值，甚至具有关系到粮食安全等重大国计民生问题的战略价值，同时也折射出围绕遗传资源保护和利用问题，发展中国家与发达国家的针锋相对的利益冲突。

20世纪末，基于"生物勘探"行为隐藏的巨大不公平性，学术界逐渐用"生物剽窃"（bio-piracy）一词来替代和定性"生物勘探"。一些生物立法方面的专家开始对"生物剽窃"问题进行法律讨论，并将这一概念正式引入法律领域。

由"生物剽窃"带来的遗传资源不当获取和利益分配不公，引发了拥有丰富遗传资源的广大发展中国家的不满和愤怒。为了自身的生存和发展，它们在国际社会上强烈呼吁改革现有知识产权保护制度。正如著名法学家E.博登海默所说："当许多人的正义感被彻底唤起的时候，通常的结果便是产生某种形式的蓬蓬勃勃的社会行动。"①

1992年，联合国环境规划署在环境与发展大会上首次提出"遗传资源"议题，并出台了具有里程碑意义的《生物多样性公约》（以下简称CBD）。该公约为各缔约国获取和利用遗传资源提供了基本的制度框架，首次确立遗传资源保护的主权原则，并设立了来源披露、知情同意和惠益分享等基本原则。以CBD为基础，联合国环境规划署又多次召开了会议，取得了多份文件成果，并成立了专门的工作组，致力于推进遗传资源领域的国际合作。

为配合CBD的工作和政策目标，联合国粮农组织的粮食和农业遗传资源委员会于2001年11月正式通过了《粮食和农业植物遗传资源国际条约》，禁止成员国对存储在国际种质库中的遗传资源主张知识产权，要求各国保护农民的权利。

为进一步协调遗传资源保护与知识产权的关系，在WTO多哈部长会议召开前，发展中国家提出了修订《与贸易有关的知识产权协定》（以下简称TRIPS）的建议。2001年11月，在多哈举行的WTO第四次

---

① ［美］E.博登海默：《法理学——法律哲学与法律方法》，邓正来译，中国政法大学出版社2001年版，第321页。

部长会议采纳了这项建议。这次会议通过的《多哈部长会议宣言》将"TRIPS 与遗传资源、传统知识和民间文学保护的关系"列为多哈回合谈判和审议的范围。这一行动表明国际贸易体制开始对国际知识产权制度与遗传资源保护的协调问题作出回应。在国际知识产权制度的另一个重要场所——世界知识产权组织（以下简称 WIPO）同样也在开展这样的协调工作。①

尽管各方在遗传资源保护问题上有了一些共识，但在遗传资源保护的具体模式上仍存在较大分歧。美国、日本等国一贯主张以合同法的途径以及在国家层面来解决遗传资源保护和惠益分享问题，反对在 TRIPS 框架下建立有约束力的国际保护机制；欧盟、瑞士、挪威等国虽然对遗传资源与知识产权关系问题加以重视，同意建立国际立法模式，但反对强制性的法律干预。印度、菲律宾、非洲集团等发展中国家对是否在 TRIPS 框架下解决遗传资源保护问题，主张不一。总体来看，由于发达国家与发展中国家的争议较大，发达国家内部和发展中国家内部也有意见分歧，所以国际社会关于遗传资源保护议题的谈判一直迂回曲折，迄今为止还未取得实质性成果。

二 研究现状

遗传资源的重要价值，不仅在于其对生物医药、粮农产业的基础性作用，还在于其引导经济落后的发展中国家和地区参与到全球经济发展新秩序的契机作用。面对这个契机，要想抓住机遇，维护国家或民族的权益，就要在遗传资源保护理论和制度方面，有足够的研究储备。当前，学术界对遗传资源保护的研究成果颇丰。从研究内容上分析，国内外学者主要关注以下几个重要问题：

第一，对遗传资源进行保护，一定要私权形式吗？这个问题在学术界引起了广泛的争论。持否定看法的学者认为，"将遗传资源视为一种可独立行使的财产权利会面临现实上的困难"，理由是现代育种活动基

---

① Silke von Lewinski, the Protection of Folklore, Summer, 2003, 11, Cardozo J. Int'l & Comp. L. 747.

本上都是经过多方搜集与交换植物种源的过程,甚至许多遗传资源已经通过移地保护存放于一些发达国家的基因库中,很难确定其来源地,就更难以确定哪些人或哪个政府可以对其主张权利。[①] 有的国外学者也表达了类似观点,认为对遗传资源的付费,应建立在补偿机制和合同的基础上,而非财产权制度。[②] 持肯定看法的学者则多从法哲学或伦理角度对遗传资源设立权利进行了论证。如有学者从洛克的劳动论寻找权利基础;[③] 有的沿国家主权的法律逻辑,得出设立遗传资源权利是"主权得以过渡为一种民事权利,一种私权,即遗传资源利益分享权"的结论;[④] 还有的从人权角度论证遗传资源设权的合理性。[⑤] 也有学者从经济学视角论证遗传资源产权化的重要性,指出其正当性基础是激励理论。[⑥]

第二,如何将遗传资源私权化?即如何在遗传资源之上为其持有人设立权利?对此,学界从私法保护模式上提出了几种不同的看法。一种是知识产权模式,即在知识产权框架下设立遗传资源权利。对此学者提出两种路径,其一是知识产权的直接适用,如把遗传资源直接作为专利权、植物新品种权的权利客体。[⑦] 其二是知识产权改造后的适用,如有学者认为,在对遗传资源设立一种权利的前提下,把这种权利赋予知识产权的性质,再通过知识产权的扩张,使其纳入到知识产权的体系之

[①] 杨远斌:《遗传资源的知识产权保护分析》,《学术论坛》2005年第4期。

[②] Jerome H. Reichman & Tracy Lewis, Using Liability Rules to Stimulate Local Innovation in Developing Countries: Application to Traditional Knowledge, International Public Goods and Transfer of Technology Under a Globalized Intellectual Property Regime, Keith E. Maskus & Jerome H. Reichman eds., 2005, p.337.

[③] 秦天宝:《生物遗传资源法律保护的多元路径》,《江汉论坛》2014年第6期。

[④] 严永和:《遗传资源财产权演进的历史逻辑》,《甘肃政法学院学报》2013年第1期。

[⑤] 孙昊亮:《多维视野下的遗传资源的法律保护分析》,《西北大学学报》(哲学社会科学版)2010年第3期。

[⑥] 刘旭霞、胡小伟:《论遗传资源财产权的经济学分析》,《广西社会科学》2008年第6期。

[⑦] 马海生:《遗传资源保护与专利申请中遗传资源披露——兼评专利法修订草案中的相关条款》,《知识产权》2007年第3期。

中,"这种财产权,实质上是一种新型的、特别的知识产权"。①还有学者认为可以把遗传资源权以农民权为基础改造为一种新型的知识产权。②

另一种是特别权利模式,即在知识产权框架之外设立遗传资源权利。如有学者认为遗传资源可以成为知识产权保护的对象,但不能成为知识产权保护的客体,即可以运用已有的知识产权制度如数据库和商业秘密的弱保护、地理标志制度对遗传资源提供间接或辅助性的保护,但不能以颠覆知识产权制度根基的形式来保护遗传资源,提出"遗传资源权是一种新型的专有性财产权,是生物技术知识产权的在先权利",这种在先权利无法在现有知识产权体系内找到合适的位置,而应该被安排在知识产权制度之外,但又与传统有形财产权制度不同③。

第三,在专利法中如何处理遗传资源保护问题?这个问题的核心在于遗传资源专有权作为专利权的在先权利,其权利范围是否包括在专利制度中增加以来源披露、知情同意、惠益分享原则为指导的规范内容。对此,学者们莫衷一是,有的认为在专利法中塞入这些制度,既增加操作成本,又破坏专利法体系④;有的认为其可能难以与专利其他原则相协调,"在公开充分性条件之外予以规范"更为妥当⑤;相反,有的学者则表示我国专利法在 2008 年修订时没有加入这些条款,实为遗憾。⑥在此,我国专利法修正案中涉及遗传资源保护的第 5 条第 2 款的新增规定成为学者们争论的焦点,对其作出肯定或否定评价,抑或在何种程度上可以进行完善,成为学者们反复探讨的问题。

总体来看,现有的遗传资源保护理论不仅存在严重的观点冲突,而

---

① 严永和:《当下国际知识产权制度调适的主要思路》,《法学评论》2012 年第 4 期。
② 詹映、朱学忠:《国际法视野下的农民权问题的初探》,《法学》2003 年第 8 期。
③ 吴汉东:《中国知识产权蓝皮书(2005—2006)》,北京大学出版社 2007 年版,第 299—300 页。
④ 马海生:《遗传资源保护与专利申请中遗传资源披露》,《知识产权》2007 年第 3 期。
⑤ 梁志文:《TRIPS 协议第 29 条与遗传资源来源披露义务》,《知识产权》2012 年第 1 期。
⑥ 师晓丹:《我国专利法保护遗传资源的局限性与出路——以〈名古屋议定书〉为参考》,《知识产权》2014 年第 5 期。

且还存在研究的盲点和薄弱之处。相比同样作为传统资源的传统知识来说，遗传资源的研究总体偏弱。学者们的视角主要侧重于法教义学分析，对法经济学视角的讨论关注不够，这直接影响到了该理论研究的可行性。此外，遗传资源专有权作为重要的保护手段，其权利内容、权利主体资格、权利限制以及权利救济等内容在现有研究成果中虽有涉及，但大都浅尝辄止。尤其是，遗传资源专有权作为"在先权利"与知识产权制度的协调问题，尚缺乏深入细致的研究。

根据笔者对我国现有的关于遗传资源保护法律研究方面著作的统计，目前较有代表性的、有影响力的著作或博士论文主要包括如下几部：首先是 2002 年北京大学崔国斌的博士学位论文《文化及生物多样性保护与知识产权》，这是国内最早研究遗传资源的法学博士论文之一。其次是 2006 年秦天宝教授写的《遗传资源获取与惠益分享的法律问题研究》一书，这是国内首部专门系统研究遗传资源保护的著作，书中使用的很多外国立法资料，都是在国内首次公开。2006 年严永和教授写了一本关于传统知识法律保护的书《论传统知识的知识产权保护》，其中有一些涉及遗传资源保护的内容，他的研究视角是从知识产权框架下进入，找到现有制度可以保护遗传资源的契合点，并在此基础上论证权利创设的问题。可以说，这是国内首部以私法视角来讨论遗传资源保护的著作。2007 年史学瀛教授出版了《生物技术与生物多样性及相关法律问题》一书，主要是从环境法视角探讨更广泛的生物多样性保护问题。传统知识领域也有很多极具建树的佳作，如黄玉烨教授的《民间文学艺术的法律保护》、丁丽瑛教授的《传统知识保护的权利设计与制度构建》、管育鹰教授的《知识产权视野中的民间文艺保护》和张耕教授的《民间文学艺术的知识产权保护研究》等。虽然它们都不是专门探讨遗传资源法律保护的著述，但书中的很多思路和观点对遗传资源保护研究起到了很大的启发作用。2012 年张海燕教授出版了《遗传资源知识产权保护法律问题研究》一书，主要是从国际法角度来分析遗传资源保护问题。时隔四年，2016 年，宁波大学的钊晓东教授出版了《遗传资源知识产权法律问题研究》一书，针对遗传资源法律问题补充了环境法的视角。2017 年张小勇教授撰写的《遗传资源国际法问题研究》一书，从国际关系角度对以遗传资源保护做了更为缜密的研究。中央民族大学的薛达元教授曾主编出版了一系列的关于生物剽窃案例和遗传资源保护的丛书，为遗传资源案例研究提供了丰富的实践素材以及国际公约的最新动态信息，不过由于其主要不是从法律视角出发，所以对法律问题深入分析的不多。

理论研究的根本目的是为立法实践服务。目前，我国遗传资源立法尚处于不断发展和完善的阶段。2019年3月国务院颁布了《人类遗传资源管理条例》，首次明确了人类遗传资源的归属和使用秩序，这对生物遗传资源法规体系的建立有重要意义。我国还没有生物遗传资源保护的专门立法，利用专利法进行遗传资源保护也是初步尝试，原有的涉及遗传资源保护的法律法规和政策，不仅碎片化，还存在重复、矛盾之弊，而且在规范内容上也有疏漏，缺乏遗传资源获取和惠益分享方面的周延规定。这一现状对遗传资源法律保护的学理研究提出迫切要求，亟待成熟理论成果的出炉。当然，这一现状也为遗传资源专有权制度的研究和检验提供了广阔的空间。因此，我们有必要深入研究遗传资源权益问题，构建遗传资源专有权保护制度，以期为我国遗传资源的保护和利用提供理论支持。

三 研究范围和思路

基于伦理考虑，作为本书研究对象的遗传资源不包括人类遗传资源。根据笔者对遗传资源法律研究的观察，遗传资源目前主要是作为知识产权领域学者热烈讨论的对象。遗传资源赋权型保护虽然涉及民法的基本理论，但民法与知识产权法对该对象的研究视角不同。从民法的研究视角出发，学者们主要关注遗传资源作为自然资源的一种在我国的法律保护和利用问题，而对知识产权法学者来说，目光则主要集中在遗传资源保护与知识产权的互动关系上，以及在这种互动关系中考察遗传资源保护模式问题。

笔者认为，这种研究领域的分化和研究视野的分野是合理的。首先，从实践上看，遗传资源作为现代生物技术的基础材料，其所衍生的创造成果往往成为专利申请的对象，所以遗传资源与专利问题息息相关。其次，从学理上看，遗传资源保护问题的研究均是围绕知识产权展开，要么是利用现有知识产权制度，要么是采用"在先权利"方式，建立"知识产权+特别权利"的保护模式，且后一种观点已经成为主流观点。可见学者们都是基于遗传资源与知识产权不可分割的密切联系而采取集中于知识产权领域的研究视角。最后，从国际知识产权制度变革的趋势来看，遗传资源作为发展中国家的优势资源，正在发挥着矫正TRIPS对人权、环境等不利影响的重要作用，2001年多哈回合谈判已经将遗传资源与知识产权的关系列为优先审议的议题。由此看来，在国际社会上遗传资源议题是与知识产权紧密相关的议题。因此，笔者选取的"遗传资源专有权保护研究"是一个知识产权领域的选题，也是一个值得从知识产权视角进行深入和细致研究的选题。在正文中，笔者即是从遗传资源作为知识产权的"在先权利"的正当性、路径、制度化等方面切入，最后又以研究该权利与知识产权的协调，以及我国的对策来结尾。具体来讲，笔者沿着以下思路展开思考和研究：

遗传资源议题的主旨是在法律上建构遗传资源保护体系，而法律保护体系的形成很大程度上是取决于该体系所服务的目标宗旨，即目标宗旨决定着遗传资源保护的模式选择和制度设计。综合上述国际公约文件所总结的保护遗传资源的政策目标，笔者认为，遗传资源保护体系的形成将主要围绕以下政策目标：一是制止遗传资源的不当利用，防止对生物多样性的破坏；二是承认遗传资源持有人对遗传资源的支配权，维护遗传资源的可持续发展；三是促进生物多样性保护与现代生物技术的平衡发展，维护遗传资源持有人收益与知识产权人收益的同步增长。

如果我们仅将保护遗传资源的政策目标定位于第一个目标——防止对生物多样性的破坏，那么借用、调整或改造现行知识产权法的相关制度，甚至是创设一个专门针对遗传资源的权利概念及其规范体系则都不是一个合适的方案，我们可能更多地考虑采用资源管理法、环境法等公法手段进行规范。[①] 原因在于，这种仅起消极防御作用的保护制度的职

[①] 这里的思路参考了丁丽瑛和古祖雪两位学者提出的相关思路。参见丁丽瑛《传统知识保护的权利设计与制度构建——以知识产权为中心》，法律出版社2009年版，第179—180页；古祖雪：《TRIPS框架下传统知识保护的制度建构》，《法学研究》2010年第1期。

能通过公法管理的方式很容易实现，无须借助私法的干预。

但是，当我们把政策目标设定为承认遗传资源持有人对该资源的支配权，维护遗传资源的可持续发展以及维护遗传资源持有人收益与知识产权人收益的同步增长时，创设私权和调整知识产权规范的方案就都十分必要了。这里隐含着一个潜在的既定前提：私权保护手段是强化保护的最有力的法律工具。与资源管理法、环境法等公权保护模式不同，私权保护模式可以在更大程度上直接体现和保障遗传资源持有人的私人性利益，并以意思自治下的自由、平等之支配和处分来行使权利。所以，确立支配权并分享利益的保护目标决定着私权模式的必要性，但解决方案并没有止步于此，还须向前思考。

在私权保护模式下，有两种方案可供选择：一种是以保护消极利益为对象的利用现行知识产权制度的方案；另一种是以保护积极利益为对象的创建专门权利的方案。对于这两个方案的选择，可以结合如下因素来综合考量：

其一，现行知识产权制度的优势和局限性。首先，就现行知识产权制度的优势而言，它是现存的、马上可用的且是最直接有力的保护工具。无论是哪种知识产权制度都在知识产权的取得上设定了条件，如著作权法领域作品的独创性要求、专利法领域发明的新颖性、实用性要求和商标法领域商业标记的显著性要求等，作为知识产品可知识产权化的条件。其中与遗传资源利用有关的是专利制度中的新颖性要求。利用遗传资源的创造成果往往需要转化为专利权才能为发明人带来稳定和长久的利益，因此对遗传资源的保护可以转化为对以遗传资源为基础的衍生发明在申请专利时的审查，而审查标准中与之密切相关的主要是新颖性标准。新颖性是相对于现有技术而言的，只要我们能将遗传资源衍生发明与现有技术进行对比就可以作出是否具有新颖性的判断，从而作出授权或不予授权的决定，也可以据此对已经授权的相关专利作出撤销或宣告无效的决定，从而将一部分不符合条件的遗传资源衍生发明排除在知识产权保护体系之外，这样就保护了一部分被不当利用的遗传资源。

然而，新颖性标准的运用需要以现有技术的对比源作为前提条件。对比源越多，该标准的运用效果就越好，反之则越差。与遗传资源专利有关的对比源在现实中表现为与遗传资源有关的传统知识的数据库。由于目前与遗传资源有关的传统知识文献化程度不高，专利申请审查工作往往忽视了传统知识作为遗传资源使用的现有技术对比源地位的存在。对此，我们需要将所有与遗传资源有关的传统知识收集、整理并通过电子数据手段纳入现有技术的对比源中。而传统知识的文献化、数据化是一项漫长而复杂的工作，因此，我们无法马上充分发挥该规范的防御作用。

另一项可在遗传资源保护方面有所作为的知识产权制度是地理标志制度。遗传资源的持有人具有群体性，实践中很难确定，但遗传资源所在的社区从地理意义上来说是可以确定的，这就为以地理位置为基础的商标保护手段——地理标志提供了发挥作用的空间。但是，地理标志制度需要以现实的产业为条件，且对产业的管理和规模有一定要求，否则很难发挥其在产品上的市场推广效应。

可见，现行知识产权制度对遗传资源提供的保护是十分有限的。无论是利用新颖性标准还是地理标志制度，都仅能对遗传资源起到最低程度的保护作用，即只对制止遗传资源的不当利用或者以原生地为中心实现产业化有一定帮助，但无法解决遗传资源获取中的事先知情同意问题和遗传资源利用后的惠益分享问题。简而言之，无法满足除制止遗传资源不当专利授权以外的其他需求，如控制遗传资源的使用、分享遗传资源的惠益。此外，知识产权制度作为以鼓励创新、保护创新为宗旨的法律制度，与保护"传统"的遗传资源保护制度在目标和机理上存在重大矛盾，所以无论怎样改造，现行知识产权保护框架也无法从整体上接纳遗传资源保护制度。基于上述考虑，在现行知识产权框架之外创设一种新的权利制度已经成为许多学者努力的方向，也已经在一些国家和地区的立法中进行了尝试、取得了成果。

其二，创建新型权利的可行性和难点。知识产权制度对遗传资源的保护存在诸多的局限性，因而需要我们"超越知识产权"去寻找一种替代的制度，以达到对持有遗传资源的传统部族或社区进行补偿的目的。早在20世纪90年代，学术界就作出理论尝试——创设"传统资源权"。"传统资源权"的出现，反映了发展中国家以及国际社会的部分学者正在酝酿构建一种新型的、有别于传统的知识产权的保护模式。这种新型权利的创设是一种工具主义财产观的演绎结果和体现，它可以一元化地解决遗传资源交易和商业利用中的法律问题。

当然，遗传资源保护问题并没有止步于积极赋权模式的选择。新设的权利是一种独占性的权利还是非独占性的权利，是我们必须要面对和解决的问题，也是难点问题。所谓赋予遗传资源以独占性权利，是指传统部族或社区就其遗传资源享有排除第三方利用其遗传资源的专有权利。在理论上说，这种模式是比较激进的，所涉及的利益冲突会十分严重。

相比较而言，非独占性权利方案是比较温和的。与独占性权利不同，非独占性权利并不强调传统部族或社区对遗传资源的独占性和支配性，而仅提供得以保障传统部族或社区参与分享遗传资源商业利用产生的惠益的权利。这种权利不直接表现为法定的支配权或遗传资源利用者支付的许可费形式，而是间接地通过一定的补偿制度来实现，例如通过国家管制手段强制性要求对传统部族或社区保留惠益分享比例，或根据普遍性收费将一定的惠益在收取之后再按照某种分配制度将这种收费分发给遗传资源持有人。

本书拟采用上述第二种路径中的积极赋权型方案。这种选择并非基于笔者作为私权法领域研究人员的理论偏好，而是源于对遗传资源保护目标及其制度的理性选择。笔者认为，为了最大限度地保护遗传资源所在的传统部族或社区及其所在国家的利益，坚持私权保护模式，创设相对独占性的权利，实现积极的权益是最佳选择方案。这种选择方案也符合我国作为遗传资源大国的基本国情。当然在创设这种私权的过程中，我们需要在法律上明确回答一系列关键问题：遗传资源是什么？遗传资源可否纳入物权、知识产权体系保护范围？如果不能纳入或者不能完全纳入，在理论体系上应该如何处理？新设的遗传资源专有权作为与知识产权密切相关的权利会与现行知识产权发生冲突吗？为协调保护，如何在一定程度上降低遗传资源专有权的独占性？我国应该如何构建遗传资源专有权保护制度？如此等等。集中为一个课题：遗传资源专有权保护研究。

四 研究方法和创新点

本书的研究方法主要包括：以法哲学为基础的法学推理和演绎方法；法经济学分析方法；比较分析方法和必要的实证分析方法。其中，法经济学分析方法的交易成本理论的运用是本书的一大特点。法律的经济分析，是希望能"像经济学家那样来理解法律规则"[①]，这种打破法学和经济学之藩篱的理论探索，早已在英美等西方国家蔚然成风。经济学分析方法的本质是成本效益的对比，即按照效率的标准来增进对法律的理解。所以笔者在论证遗传资源的赋权型保护时，并没有止步于这种私人权利的创设，而是向前再进一步，突破传统的利益平衡视角，导入交易成本视角来评判遗传资源赋权型保护所带来的成本问题。运用成本效益方法，将遗传资源保护和利用涉及的各个交易成本对主体利益的影响进行细致归纳，再以此为前提，分析在创设私权的同时，如何在制度设计上做出降低交易成本的努力。这种努力是一种务实的做法，目的是为了提高遗传资源专有权保护制度的可行性。

关于以法哲学为基础的推理和演绎方法的运用，笔者主要从正义和效率两个维度来考察遗传资源专有权设立的正当性。法的正当性与自然法思想有着密切的联系，自然法中"天赋人权"思想为私权的正当性提供了丰富的理论涵养。不管是劳动说还是先占说都为人们解释私人占有并支配财产提供了合理性基础。从效率角度来看，遗传资源保护的激励机制缺失是生物多样性逐渐减损的重要原因，所以笔者运用激励理论来论证遗传资源私权化的合理性，并运用博弈论来证成遗传资源赋权型保护有利于实现遗传资源持有人与遗传资源利用人之间的合作。

在比较分析方法的运用上，笔者使用了横向比较和纵向比较。横向比较主要包括两个方面，一是遗传资源专有权概念与生物材料所有权、基因专利权、植物新品种权等几个相关概念的比较，以及遗传资源作为客体与传统知识、知识产品的比较等，通过这种比较达到使遗传资源专

[①] Polinsky, A. Mitchell, *An introduction to law and economics*, p. xiii, Boston: Little, Brown, (1989).

有权的客体属性和权利形态更加清晰之目的。二是遗传资源法律保护域外经验的比较，通过揭示相关国际组织和主要发达国家、发展中国家对遗传资源保护的法律经验来考察国际公约和各国对遗传资源专有权保护的立场和态度，并为随后的纵向比较提供铺垫。纵向比较主要是从遗传资源保护的国际立法和国内立法的纵览中，考察遗传资源专有权产生和演进的历史逻辑，得出遗传资源正从"无主"物演变为受特定主体（国家或部族、社区）控制的物，以及正从国家主权过渡到私人性权利的结论。

美国大法官霍姆斯有句名言："法的生命不是逻辑而是经验。"理论研究是从现实问题出发，以指导实践为归宿。因此，必要的实证分析在法学研究中是不可或缺的。基于这点考虑，笔者在论证我国遗传资源专有权保护的法律对策时，使用了大量田野调查的案例和数据。虽然这些案例和数据不是经笔者第一手调研获得，但全部来自可考证的权威资料。借助这些资料，我们可以从中了解我国对遗传资源的保护和使用情况，从而为笔者的理论研究提供实践基础。

提起创新之处，笔者实感底气不足，不过笔者在前人研究的基础上认真并大胆地做了两个方面的尝试：一是内容上更深入；二是观点上有突破。

从目前的研究成果上看，学者们对遗传资源专有权的权利机理普遍挖掘得不够。遗传资源专有权既不是传统所有权，也不是知识产权，这一点已经成为学界的共识。但学界对运用于知识产权上的权利束理论在遗传资源专有权上可能存在的广阔空间并未引起足够的重视。由于知识产品不能被有形占有，所以知识产品上的支配权利即知识产权的各项权利主要是"以用设权"而产生。知识产权不是一项权利，而是一个"权利束"，包括众多的子权利。如果作为客体的知识产品不同，那么对其利用方式就不同，继而该知识产权的子权利就不同。比如说，表演者权与著作权对比，前者就没有出租权这项子权利，而后者则有。相比较而言，传统有形财产权则不具有这个特点，比如，所有权的四项权能即占有、使用、收益和处分权能，无论是动产还是不动产，无论客体的价值多大，其权利内容全部都包含占有、使用、收益、处分四项权能，没有任何区别。认识到这一点对遗传资源专有权的内容设计有重大意义。遗传资源专有权与知识产权都具有无形的客体属性。实践中，科学家对遗传资源的利用方式有许多种，比如提取样本、复制等，所以在设计遗传资源专有权的内容时，可以运用权利束理论，对其子权利项进行更为细致的分析和提炼，而不是笼统地使用"使用权"称谓（见正文第四章第四节）。更为重要的是，这种设计路径可以使遗传资源专有权成为一种开放型权利，立法者不仅可以根据现有国情做出合适的子权利项选择和设计，而且也可以在将来随着本国生物技术发展，遗传资源保护和利用的公共政策需要调整时，对该子权利项内容和范围做出相应的调整。在观点上，笔者突破大多数学者主张的对遗传资源赋予限制性财产权的观点，借鉴西方知识产权制度运用经验，依据交易成本理论，对遗传资源专有权的排他性效力作出重大修正，提出强化财产规则较责任规则更有效率这一命题（见正文第四章第四节）。

当然，这些理论尝试还有待实践检验，今后笔者还将更加关注和研究有关遗传资源保护的最新理论成果和实践经验，希望自己认真的思考和严谨的论证能够为我国遗传资源保护研究以及立法贡献绵薄之力。

第一章

遗传资源的概念界定

概念是制度建构的起点。就遗传资源而言，作为一个国际论坛争论的议题，遗传资源的概念并不十分清晰，人们通常只是引用《生物多样性公约》（CBD）对其下的定义，但对遗传资源的内涵、特征、价值等并不完全了解。为此，本章从术语的科学角度和学理角度，对遗传资源的概念进行分析。

第一节 遗传资源的定义

一 生物多样性视角下对遗传资源的理解

生物多样性（biodiversity），是一个用来描述大自然生命丰富程度的概念，内容上涵括三个层次，分别是遗传多样性、物种多样性、生态多样性。其中，遗传多样性是指自然界所有遗传信息的总和；物种多样性是指生命体的复杂多样化；生态多样性是指生物群落和生态过程的多样化。由于遗传信息是任何物种的最基础的组成单元，而物种是所有生态群落组成的最基本的单元。所以，遗传多样性、物种多样性、生态多样性三者之间的关系是层层递进的，而且遗传多样性是核心层次，也是生态多样性和物种多样性的基础。换句话说，学者们讨论物种多样性或生态多样性这个问题时，无法回避遗传多样性，理所当然地就会涉及遗传多样性。

遗传多样性，又称基因多样性，是指蕴藏在动物、植物和微生物个体基因中的遗传信息的总和。基因是保持遗传多样性的物质基础。所有的遗传多样性都发生在基因之上。所谓基因，是指根据其序列携带的特定信息的脱氧核糖核酸（DNA）片段。基因包含了遗传功能单位 DNA 和蛋白质形式的染色体。自然界中每个物种都包含着数量巨大的基因，而且每一个个体都有自己独特的基因型或基因组，除非是无性繁殖，否则没有两个生物个体的基因型或基因组是完全相同的。从遗传学意义上说，基因是通过指导蛋白质合成来表达自己所携带的遗传信息，从而控制生物个体的性状表现。[①] 生物性状的遗传其实就是遗传信息的传递和表达。每个基因都含有特定的碱基序列，每一种碱基序列都代表某种特定的性状表达形式。基因并不是无形的，只是我们用肉眼看不到，从科学的角度来看，它是一种物质。遗传信息正是存在于基因中。遗传信息的传递过程，就是基因中包含的特定遗传信息通过复制从亲代传递到子代，进而通过转录和翻译以蛋白质形式表达为性状的过程。这种信息不是人们智力创造的结果，而是生物体本身客观存在的生命机理。人的介入或许会影响该遗传信息的表达，但是从遗传信息生成的角度来看，并不会改变它的资源性生物信息的本质。如此看来，任何能在有机生命体之间进行遗传信息复制传递的载体，如细胞、染色体、基因、DNA 片段等都可以被描述成遗传功能单位。[②]

遗传功能单位的自我复制过程叫作遗传。遗传过程包含两个方面：一方面，基因复制是完全相同的，即每次复制形成的 DNA 分子与亲本完全一致；另一方面，基因复制偶尔出错，即 DNA 分子在复制过程中与母细胞在 DNA 数量或顺序上不完全一致，生物学上称这种过程为基因突变。这种遗传基因的突变是经过长时间的自然选择而形成的。突变产生了新的变异，正是由于突变的存在以及突变的积累才产生了物种新的性状甚至是新的物种，于是形成了自然界的丰富的遗传多样性。

当遗传多样性对人类具有现实或潜在的价值时，就成为遗传资源（genetic resources）。国际上，对遗传资源公认的权威定义来自 CBD，该

---

① 参见陈灵芝主编《中国的生物多样性现状及其保护对策》，科学出版社 1993 年版，第 6—7 页。

② 参见丁晖、吴健、濮励杰编著《生物遗传资源价值评估及案例研究》，科学出版社 2016 年版，第 2—3 页。

公约第2条规定：遗传资源是指具有实际或潜在价值的遗传材料。而遗传材料是指来自植物、动物、微生物或其他来源的任何含有遗传功能单位的材料。也就是说，遗传资源是指来自大自然任何含有遗传功能单位的、具有实际或潜在价值的遗传材料。这一定义，突出了遗传功能作用作为遗传资源的内核，显然与上述遗传多样性的界定是完全一致的。

不过，值得一提的是，虽然CBD对"遗传资源"的定义强调了遗传功能作用，但其落脚点是遗传材料，即生物资源，似乎暗含着遗传资源就是某类生物资源这一含义，遗传资源与生物资源的关系并没有被完全廓清，导致学者们在表述遗传资源的概念时，并没有绝对性地采用这一称谓，而是使用了不同的叫法，如"种质资源""品种资源""基因资源"等。对此，笔者认为，该等叫法虽有一定道理，但并不准确。严格来说，"种质资源"和"品种资源"都指称的是物种的种类和数量，所以应该是物种多样性上的含义，而非遗传多样性上遗传资源的含义，因此并不合适。"基因资源"在现代生物技术背景下，侧重的是改良后的基因类型和特征，这与改良前以天然状态存在于生物资源细胞内的遗传性状是不同的，而后者才是遗传资源指称的对象，因此这一叫法也不妥当。从本质上说，生态多样性和物种的多样性是基于遗传过程来实现的，所以在描述时应突出"遗传"二字。此外，与保护生物多样性密切相关的国际法律文献，如CBD、《粮食和农业植物遗传资源国际条约》等的中文译本都使用的是"遗传资源"，已经形成惯例，所以笔者认为采用"遗传资源"这一术语更加合适。[①]

生物多样性是大自然赐予人类宝贵的财富，利用好这一资源和财富，可以为人类创造不可估量的价值。但近百年来，生物多样性遭受到严重破坏。由于人类活动的影响，全球范围内的生物资源不断减少，物种灭绝速度不断加快，生物多样性正急剧退化。面对这一挑战，国际社会于1992年在巴西里约热内卢召开了世界环境与发展大会，推动150多个国家签署了CBD。该公约把保护生物多样性的可持续性发展提高到

[①] 参见秦天宝《遗传资源获取与惠益分享的法律问题研究》，武汉大学出版社2006年版，第10—11页。

"人类共同关切事项"的至高地位,并围绕遗传资源提出了保护和利益分享的框架。从此,遗传资源成为国际社会关注的重要议题,从一个纯粹的科学名词进入法学、经济学、社会学等人文学科考察的视野。

本书即是从法学学科的视角进行考察,不过囿于资料原因,以及出于对人类遗传资源还关涉到道德、伦理方面问题的考虑,作为本书研究对象的遗传资源,其概念仅限定在动植物和微生物遗传资源之上,而不包括人类遗传资源。

二 生物技术视角下对遗传资源的理解

生物技术,按照 CBD 的定义,是指使用生物系统、生物体或其衍生物的任何技术应用,制作或改变产品或过程以供特定用途。换句话说,生物技术是以现代生命科学为基础,通过对生物体的加工或改造,能够生产出人类需要的产品或达到某种目的的科学技术。根据操作对象的不同,生物技术可以分为五项工程技术:基因工程技术、细胞工程技术、酶工程技术、发酵工程技术和蛋白质工程技术。其中,基因工程技术,又称为 DNA 重组技术,不仅是现代生物科学技术的领军者,也是其他四项工程技术的推动者。1953 年英国和美国的两位科学家发现了 DNA 双螺旋结构模型,从此揭开了生命活动的遗传密码。以此为基础,1972 年人类首次实现 DNA 重组,生物工程技术从此诞生。[1] 所谓 DNA 重组技术,是用人工方法把生物遗传物质中的 DNA 在体外进行切割、拼凑和重组,然后将重组的 DNA 植入到某种生命个体中,从而改变该生命个体的特性,使其具有某种新的功能。换句话说,DNA 重组技术可以实现对生物体的基因转移,因此也被称为转基因技术。由于这种转基因技术可以完全按照人类的意愿来改变生物的性状,因此在农业、医药和环境保护领域得到了广泛应用。以农业为例,科学家通过基因分离和重组,将某些农作物品种中的优良性状如高产、耐寒、抗病虫害等基因,导入其他农作物品种中,可以创造出一个全新的农作物品种。例如 2016 年孟山都公司将 CRISPR-Cas9 基因组编辑技术用于种子研发,生产能

---

[1] 参见史学瀛《生物多样性法律问题研究》,人民出版社 2007 年版,第 250—251 页。

够耐干旱的农作物。①

生物技术的发展对人类认识遗传资源的价值有重要推动作用。科学家们逐渐从一些看似没有用处的生物体中发现了具有重大价值的基因。为了能够获取更多的具有良好性能的基因，科学家们越来越重视遗传资源的鉴别和收集工作。当这些遗传资源的价值通过生物技术转变为巨大的商业成功时，人们就更加认识到保护生物多样性的重大意义。只有拥有足够丰富的生物多样性，才会有足够多的遗传资源供人们挑选，也才会有足够优良的基因按照人们的愿望供人们拼接使用。

然而，生物技术在为遗传资源带来广阔用途的同时，也深刻威胁着遗传资源赖以生存的生物多样性基础。经人工方法培育的转基因物种，大多具有超越传统物种或地方品种的优良性能，能够为种植或饲养的农民带来更高的经济收益。在商业利益的驱使下，农民往往不愿意再耗时耗力，去种植产量低或抗病性能不高的传统作物品种，而优先选择竞争优势大、经济效益高的转基因作物。比如，在上述"生物剽窃"事例中，阿根廷在引进孟山都公司转基因大豆品种后，在短短的不到10年时间里，就调整了农业生产结构，全国种植大豆的90%土地全部用来种植该转基因大豆，这种转基因大豆不仅高产，而且具有很强的竞争能力，能够自动杀死当地的大豆品种，就这样阿根廷本土的大豆品种几乎全军覆没，被外来品种取代。如果我们对转基因技术不加控制，任由这种转基因品种对地方品种的影响发展下去，可以预见在不久的将来人类会没有多少可以选择的遗传资源来支持生物技术。因为一旦人工物种完全取代自然物种，最直接的危害是物种变得结构简单、种类单一，遗传多样性削弱，从而引发自然界复杂的生态效应。

生物技术与遗传资源的关系还突出体现在遗传资源对生物技术发明的作用上。实践表明，以遗传资源为基础的生物技术发明数量正在不断增加。从这一意义上说，遗传资源可以被定义为一种与生物技术密切联系，并能作为生物技术原料的物资。

---

① 《转基因巨头孟山都引进CRISPR专利，用于培育新品种农作物》，载搜狐网http：//www.sohu.com/a/115716000_337363，最后访问日期2017年1月5日。

不过，仔细研究生物技术发明与遗传资源的内在联系，我们会发现这种联系存在一系列的可能性，而不是单一的一种关系。具体来说，有以下几种情况：

（1）遗传资源是生物技术发明产生的前提条件。某些生物技术发明必须在获取遗传资源的基础上，通过技术手段从中提取基因，然后再按照意愿在试管内切割、分离并重组基因，并导入其他生物体，实现特定用途或目的，从而完成重大技术突破，创造出新的生物产品。这类发明必须以遗传资源作为基础，否则根本无法进行研究和创造。

（2）遗传资源是生物技术发明产生的辅助条件。某些生物技术发明是在与遗传资源有关的传统知识的"向导"作用下变得容易的，对于发明人来说，这些传统知识为发明提供了灵感，使他们很快就从传统实践中使用的某类遗传资源上找到了发明的对象和方向。遗传资源可能是这类发明中首先使用的信息，但这种使用并没有持续下去，也没有发挥关键作用，所以对于这类发明来说，遗传资源并不是必需的。

（3）遗传资源是生物技术发明实施的必要条件。某些生物技术发明完成后，遗传资源是作为该领域的技术人员在实施该发明的过程中所不可或缺的材料，缺少遗传资源，除发明人以外的技术人员根本无法评估或实施该发明。在这种情况下，遗传资源虽然不是生物技术发明产生的必要条件，但是该发明实施的必要条件。当然，也存在遗传资源不是生物技术发明实施的必要条件的情形。

由此可见，遗传资源是现代生物技术的基础原料，但生物技术发明与遗传资源的依赖关系在现实中有各种不同的表现。理解遗传资源的这个定义，对从法律上廓清遗传资源专有权对专利授权的影响非常重要。

第二节 遗传资源的特征和价值

一 遗传资源的特征

遗传资源作为一种自然界的生命形式，具有以下特征：

首先，分布的地域性。遗传资源的形成受地理环境、气候条件等因素的制约，是生物物种为适应生态环境而随机变异的结果，表现出极大的地域差异。这种地域差异包括两个方面：其一，同类生物由于生长地域的不同，呈现出的性状特征可能也会不同，比如研究表明，生长在南方的黄连与生长在北方的黄连，虽然种类相同，但药用价值有差异[①]。其二，有的国家或地区的遗传资源十分丰富，而有的国家或地区则十分匮乏。从世界范围内的遗传资源分布情况来看，位于热带和亚热带的少数国家，如巴西、印度、哥伦比亚、印度尼西亚、秘鲁、澳大利亚和我国等，这些国家占有了地球上绝大比例的遗传资源。从中还可以发现，除澳大利亚之外，拥有丰富遗传资源的主要国家都是发展中国家。遗传资源的分布特点，决定了发展中国家是遗传资源的重要提供者。而发达国家由于拥有先进的科学技术，自然而然地就占据了遗传资源开发利用的高地。所以，遗传资源占有与开发的冲突，导致惠益分享成为南北问题的焦点之一。

其次，价值的稀缺性。随着人类活动的干扰，世界范围内的生物多样性正急剧退化，遗传资源的数量逐渐减少。一方面，遗传资源虽然属于可再生资源，但其再生能力是有限的，有些动植物的自然繁殖率低，当种群个体减少到一定数量时，就会威胁到该种群的生存和繁衍，该遗传资源就有丧失的危险。另一方面，由于遗传资源的应用非常广泛，人类对遗传资源的需求越来越大，遗传资源的经济价值也越来越凸显。据资料显示，2003年在美国和欧洲的专利局的数据库中有超过15000项专利涉及53种药用植物，是以前批准专利的3倍。遗传资源逐渐成为生物技术应用中的稀缺资源。

再次，对象的复合性。与其他自然资源相比，遗传资源不仅仅表现为可见的、有形的生物资源，比如动植物生命体，或生命体内的细胞、组织、血液等生物材料，更强调的是这些生物材料上所携带的遗传功能信息。遗传资源的遗传功能信息必须以生物资源实体为载体，而生物资源作为遗传资源的价值就是其携带和传递的遗传功能信息。所以遗传资源核心价值部分不在于外在的、肉眼可见的生物材料，而在于内在的、需要借助科学仪器观察的遗传信息。对于生物公司和科学家来说，在破

[①] 钊晓东：《遗传资源知识产权法律问题研究》，法律出版社2016年版，第231页。

译了生物材料中的遗传信息后，该生物材料就一文不值了。

最后，开发的科技性。21世纪是生物技术时代，生物技术的发展尤其是转基因技术的发展，使遗传资源的用途具有十分广阔的前景，突破自然物种之间的屏障、使得不同物种之间的基因可以相互组合，从而产生更高品性的新物种或新特征的转基因技术，其在农业上得到广泛运用，一些抗病虫基因工程、品质改良基因工程、抗除草剂基因工程、延熟保鲜基因工程、抗逆基因工程等为农业产值带来直接影响。基因药物筛选技术在医药领域作用显著，科学家运用该项技术能使筛选的药物模型在很短的时间内从数千甚至数万种样品中优选出来，从而提升新药的推出速度，并降低药物筛选的成本。发达国家的技术优势不仅表现在遗传资源利用价值的获取上，还表现在作为遗传资源匮乏的国家通过移地保护手段实现了自身的遗传资源储量的显著提高。例如，在过去200年间，英国从国外大量收集和引进遗传资源，英国的邱园皇家植物园（Kew Garden）保存了来自世界各地的上百万份生物标本。美国的农业历史很短，但也在过去的200年间从世界各地搜集到大量农作物物种资源，美国国家植物种质资源库保存的生物材料高达60万份，居世界之首，这其中只有20%来自美国国内，其余80%全是来源于国外。[1]

二 遗传资源的价值

遗传资源具有直接用于生产、消费及进行育种和遗传改良方面的经济价值，该价值在粮食安全领域和生物制药领域的作用最为明显。以作物的遗传资源为例，提高粮食产量不能仅仅依靠扩大种植面积来实现，因为大量开垦土地会损害生态环境，不仅危及生物多样性，而且不具有可持续性。粮食持续增产主要依靠提高单位面积产量，其中优良的作物品种是决定性因素。多种多样的生物品种和基因资源为优良作物的选育提供了可能。以水稻为例，科学家通过对水稻矮秆基因和雄性不育基因的发掘和利用使水稻的抗病性能越来越强，成熟期越来越短，实现了水

---

[1] 薛达元、崔国斌、蔡蕾等：《遗传资源、传统知识与知识产权》，中国环境出版社2009年版，第15页。

稻产量的翻倍增长。有人将遗传资源在农业领域的利用价值以及农产品贸易竞争归结为"种子战争",即优良种质资源的争夺,谁占有种质资源创新的优势,谁就能把握农产品贸易的价格,占据市场竞争的绝对优势地位。在生物制药领域,以遗传资源为基础的基因技术在诊断和治疗人类各种遗传疾病方面呈现出巨大的潜能。科学家可以通过基因合成药物蛋白,向病人提供特效药。欧美发达国家非常重视生物产业的发展,其生物技术产业总收入已经占到全世界生物技术产业总值的92%以上。有数据显示,2004年止,美国生物技术产业总收入为427亿美元,占全球生物技术产业总收入的78.26%,欧洲生物技术产业总收入为77亿美元,占全球生物技术产业总收入的14%。[1]

遗传资源不仅具有巨大的经济价值,还在科研和生态保护方面具有广泛的应用空间。遗传资源包含着丰富的信息,从人类目前对遗传资源用途的探索来看,有些信息的功能和用途已经确定,比如改善基因性状,而有些信息的功能和用途还在探索和估量中,尚待新的科学技术手段的确定。

---

[1] 周肇光:《中国经济未来发展趋势——基于生物经济研究文献的分析》,《管理学刊》2015年第5期。

第二章

域外遗传资源法律保护的做法及其评价

第一节 遗传资源法律保护的国际探索和实践

一 世界粮农组织对遗传资源保护的做法

世界粮农组织（Food and Agriculture Organization of the United Nations，以下简称FAO）是对粮农植物遗传资源进行全球保护的重要组织。自20世纪60年代以来，FAO在国际层面上实施了一系列的促进粮农植物遗传资源保护、交换、利用的行动。FAO对遗传资源法律保护做的贡献主要分为三个阶段：

第一个阶段自20世纪60年代至80年代初期，开始探索粮农植物遗传资源保护、交换和利用问题。1983年签订了一个不具有法律约束力的文件《植物遗传资源国际约定》（IUPGR），确立了植物遗传资源的"人类共同遗产"原则，认可各国出于科研、植物育种和遗传资源保护的目的，可以在共同交换或共同商定条件的基础上，免费获取其控制下的植物遗传资源。这里的植物遗传资源包括受植物育种者权保护的植物遗传资源。由于IUPGR的范围涵盖了育种者权保护的对象，损害了育种技术先进的发达国家利益，因此遭到主要发达国家的反对。

第二个阶段自20世纪80年代后期至21世纪初，偏向保护育种技术先进的国家。受发达国家的推动，FAO认可由植物新品种国际联盟（UPOV）公约所保护的植物育种者权与IUPGR不相冲突。据此，受育种者权保护的改良品种从自由获取原则的范围中被剔除出来，即自由获取只针对未经改良的天然植物资源。而发达国家的专业育种者依据自由获取原则取得植物遗传资源后，对其遗传改良的品种能够申请植物育种者权的保护。各国科学家或跨国公司无须为自由获取的天然植物资源支付任何费用，这就意味着，作为该天然植物资源拥有者的国家，其保存、保护该资源的种种付出无法获得适当的补偿。同时，发展中国家由于实力的不足、技术的落后，对其他国家特别是发达国家的天然植物资源根本无力获取、开发和利用。显然这一做法是有利于保障发达国家利益的。

第三阶段自21世纪初至现在，开始对农民权益保护的探索。发展中国家强烈要求对植物遗传资源非正规的改良者——农民的权益进行保护，提出了"农民权"概念，以承认农民在保护和改进植物遗传资源上所做的贡献。2001年正式通过了《粮食和农业植物遗传资源国际条约》（ITPGR），该文件确立了"农民权"概念，承认和保护农民依传统实践对粮农资源改进所作出的贡献，但"农民权"的内容仍然模糊不清。

二 联合国环境规划署对遗传资源保护的做法

为保护生物多样性的可持续性发展，1992年联合国环境规划署制定了《生物多样性公约》（CBD）。作为第一份旨在保护全球生物多样性的国际协议，CBD首次提出了遗传资源惠益公平分享的政策目标，并创立了遗传资源获取和利用的制度框架。根据公约第15条规定，关于遗传资源获取和利用的基本原则可以概括为国家主权、来源披露、知情同意和惠益分享四大原则。具体来说，国家主权原则是指遗传资源的获取和利用受所在国家的主权控制，依据所在国的国内法执行。来源披露原则是指专利申请人在申请与遗传资源相关的专利时，应披露遗传资源及其相关传统知识的来源地信息。知情同意原则是指遗传资源利用国在对遗传资源进行商业化利用时，必须事先告知遗传资源所在国，且只有在获取授权或同意下才能进行使用。惠益分享原则的含义是遗传资源所在国（包括个人和组织）有权参与遗传资源商业化利用后的利益分享。

CBD仅对遗传资源的获取和使用提供了一个基本的制度框架，缺乏可操作的具体规范，尤其是各国对来源披露的效力、共同商议的程序、惠益分享的形式等重要问题还存在较大争议，这在某种程度上限制了遗传资源的广泛交换和利用。为此，联合国环境规划署于1998年4月在

CBD第四次缔约国大会上决定成立一个专门的"遗传资源获取和惠益分享特设工作组"。该工作组经过数年的谈判和研究，于2001年10月发布了《关于获取遗传资源和公正平等分享遗传资源所产生惠益的波恩准则》（以下简称《波恩准则》）。

《波恩准则》详细规定了遗传资源获取和利益分享过程中的步骤，①并且确立了运用知识产权制度保障遗传资源提供国的事先知情同意权和惠益分享权的机制——鼓励各缔约国通过国内法规定在涉及遗传资源主题的知识产权申请中设置披露义务，要求申请人披露遗传资源来源以及披露获得提供国批准的文件和双方共同商定条件的证明。《波恩准则》在CBD的基础上，为发展中国家争取自己的利益提供了一个可操作的制度安排。不过，由于它是自愿性的，没有法律约束力，因此难以对缔约国产生实际影响。

2010年10月，CBD第十次缔约国大会在日本名古屋举行，经过两周的拉锯战，成员国终于就未来十年遗传资源利用和惠益分享规则达成了一致意见，通过了《名古屋议定书》。为了加强对遗传资源获取的监管，《名古屋议定书》规定了一些具体措施，要求遗传资源利用国必须至少设立一处监管机构，颁发遗传资源合法来源证书，以及设置检测履约的检查点等。由此可见，《名古屋议定书》较《波恩准则》的制度安排更进了一步。

三　世界知识产权组织对遗传资源保护的做法

世界知识产权组织（以下简称WIPO）是进行知识产权制度国际协调的专门性国际组织。1998年3月，WIPO大会通过一项"全球知识产权问题复兴计划"，该计划将通过研究报告和磋商等活动来解决生物多样性与生物技术、传统知识、创新与创造力保护、民间文学保护、知识与发展等议题。②此后，WIPO开始关注并讨论遗传资源和相关传统知

---

① 参见《波恩准则》第23条。
② Simon Walker, The TRIPs Agreement, Sustainable Development and the Public Interest, IUCN Environmental Policy and Law Paper No. 41, Cambridge, 2001.

识有关的知识产权保护问题。WIPO 这么做的直接目的是，在联合国环境规划署正在制定的有关遗传资源的知识产权规范合并到世界贸易组织的知识产权制度之前，首先将它们放在自己的体制内进行考虑和审议。

2000 年 8 月，"知识产权和传统知识、遗传资源及民间文艺政府间委员会"（Intergovernmental Committee on IP and Genetic Resources, Traditional Knowledge and Folklore）（以下简称 WIPO-IGC）成立，专门组织研讨遗传资源、传统知识和民间文艺与知识产权保护的相关问题。从 2001 年 4 月 30 日召开第一次会议开始，至今已经召开了 35 届会议，出台了《遗传资源保护：经修订的目标和原则》《关于遗传资源获取与知识产权申请中公开要求之间关系的审查报告》等文件。WIPO-IGC 讨论的主要议题是为遗传资源获取和惠益分享安排，制定示范性知识产权条款和合同惯例，并已经提出将事先知情同意和来源披露纳入这些条款。该主张得到发展中国家的普遍欢迎，但遭到了美国的竭力反对，欧盟国家虽然没有明确反对，但对条款的具体内容有不同看法。各方的争议还将继续，且 WIPO 尚未采取使上述主张具有法律约束力的行动。目前来看，WIPO 虽然做了大量的基础性工作，但未取得实质性的制度突破。

四　世界贸易组织对遗传资源保护的做法

世界贸易组织（以下简称 WTO）是专门负责管理世界经济和贸易秩序的国际机构，该组织以实现全球贸易的自由化为目标，其前身是有着"经济联合国"之称的关税与贸易总协定，可见其在国际社会中举足轻重的地位。随着世界贸易全球化、经济一体化进程的加速，含有知识产权的贸易在国际贸易中的比例越来越大，知识产权附加值在贸易产品价值中的比例也越来越高。作为技术强国的发达国家都将知识产权的强保护机制作为巩固其竞争优势的制度保障。在这一背景下，1994 年 WTO 颁布的《与贸易有关的知识产权协议》（以下简称 TRIPS）开始实施。它不仅为其成员国在国内知识产权法立法中规定了最低保护标准，以构筑一体化保护方式，而且在保护范围上扩大了对基因、药品、植物新品种等知识产权的保护，还对知识产权的限制设置了严格的反限制条件，从而确立了较高的知识产权保护水平。

WTO作为以欧美知识产权制度为指导和依托的全球贸易机构，对遗传资源和相关传统知识的保护态度较为消极。TRIPS对于1992年CBD确认的遗传资源保护主题根本不予考虑，同时期知识产权领域出现大量的"生物剽窃"现象。在发展中国家的强烈要求下，1999年WTO西雅图部长会议开始讨论建立特别机制以保护传统社区的遗传资源和相关传统知识，但未能实现。

2001年11月WTO发布《多哈宣言》，将"TRIPS与遗传资源、传统知识和民间文学保护的关系"正式列入多哈谈判TRIPS理事会应当优先审议的议题。这是国际贸易体制首次对遗传资源保护问题作出回应。加入了WTO的发展中国家认为，应该对TRIPS进行修改，以与CBD协调一致，并提出很多建设性意见，但目前种种意见仍处于讨论阶段，尚未签订有约束力的共识性文件。

第二节 遗传资源法律保护的地区和国家经验

总体来看，世界各国拥有遗传资源的丰富程度不同，生物技术发展水平不同，因此在遗传资源保护方面的做法也不同。我们可以根据以上不同，在阐述各国保护遗传资源的法律经验时，分成三种基本类型：第一类是生物遗传资源丰富、生物技术发达的国家保护遗传资源的做法；第二类是生物遗传资源欠丰富、生物技术发达的国家保护遗传资源的做法；第三类是生物遗传资源丰富、生物技术欠发达的国家保护遗传资源的做法。

一 遗传资源丰富、生物技术发达的国家保护遗传资源的做法

这类国家以澳大利亚为代表。

澳大利亚拥有世界70%的生物资源，是世界上12个生物多样性最为丰富的国家之一。以海洋鱼类为例，世界上近一半的鲨鱼和海星种群生活在该国水域，其中有几百种鱼类属于该国的独有品种。澳大利亚也十分重视生物资源的开发利用，拥有数量众多的生物技术公司，也取得

了较为丰硕的技术和经济成果。

澳大利亚出台了许多法律法规来管理生物资源的获取和利用活动，并在州一级出台了专门法律。2004年昆士兰州率先制定了《2004年生物开发法》（Bio-discovery Act of Queensland, 2004）。该法明确规定，境内一切遗传资源的获取活动都要得到该州主管机关的事先知情同意，[1] 而且主管机关在签发批准文件前，都要求获取方提交已经科技主管部门审批的惠益分享合同，且惠益分享合同要按照当局颁布的格式合同进行签订。[2] 为了追溯生物资源的原产地、出处等重要信息，还要求通过条码在生物体上进行记载和标识。[3] 为了提高效率，法律也规定了一些有利于便利获取的条款，例如对申请程序和申请时限都作出了详细的规定。综上来看，该法具有三大特点：一是突出政府对遗传资源的严格管制；二是在严格管制的基础上又考虑遗传资源的便利获取；三是设置较为完备的管制机制，如事先知情同意制度、标识制度和法定合同制度等。但是澳大利亚境内土著居民的权利在这部法律中没有得到体现。

二 遗传资源欠丰富、生物技术发达的国家保护遗传资源的做法

这类以美国、德国、英国为代表。

美国的农业历史比较短，农作物资源并不发达，因此美国十分重视生物遗传资源的存储和利用。美国建立了当时世界上最大的种子库——国家种子储存实验室，用以收集、整理、保存和鉴定、应用种质资源。美国还高度重视从国外引进品种。据统计，美国从全球收集到的植物遗传样本已达60万份。另一方面，美国是世界上生物技术起步最早、发展最快的国家，其生物技术产业化也走在世界前列，遗传资源开发利用的成果十分显著。在美国，约25%的药物是从植物的活性成分中萃取的，这些源于植物遗传资源的药品，其销售额在20世纪80年代就达到

---

[1] 参见澳大利亚昆士兰州《2004年生物开发法》第33条。
[2] 参见澳大利亚昆士兰州《2004年生物开发法》第13条、第34条。
[3] 参见澳大利亚昆士兰州《2004年生物开发法》第29条。

50亿美元，90年代达到155亿美元，到21世纪已达400亿美元。① 无论是科研水平还是资金投入、市场份额，美国在生物技术领域都遥遥领先于其他国家。

美国对遗传资源的立法保护分成两个部分，一部分是针对已经经过人工培育的基因资源或植物品种，另一部分是针对未经人工干预的、天然存在的遗传资源。对于前者，美国已经有明确的专利法、植物品种保护法等专门立法调整，惠益分享制度也十分成熟；对于后者，美国至今没有统一的立法来规制遗传资源的获取和利用，而且立法对国内遗传资源、国外遗传资源分别对待。

对于国内遗传资源，美国一般按照土地的所有权即国家所有、私人所有分为两类。作为一般原则，美国政府对私有土地上的资源使用很少介入，除非该土地上存在濒危物种，否则包括遗传资源在内的获取和惠益分享全部交由私人自己决定。而对于国家享有所有权的土地上的自然资源和遗传资源使用，则有较多管制，且以国家公园管制型法律为主体。

美国国家公园类似于我国的国家级自然保护区，迄今为止美国政府已经设立了近400处大小不一的国家公园，基本覆盖全美境内所有的生物资源繁衍地域。因此，国家公园成为国有遗传资源的主要主体甚至是唯一主体。对国家公园生物资源管制的法律，也可以看作美国在国内遗传资源保护上的代表做法。

1916年，美国成立了国家公园管理局，并相继出台了一系列的管理国家公园的法律和政策，如《国家公园管理组织法》（The NPS Organic Act）、《1998年国家公园综合管理法》（The National Parks Omnibus Management Act of 1998）、《1986年联邦科技转让法》（The Federal Technology Transfer Act of 1986）、《国家公园2001年管理政策》（NPS 2001 Management Polices）等等。这些法律确立了国家公园管理局对国家公园的公权管理主体地位，规定公园内任何有关景观、历史古迹、野

---

① 王明远：《美国生物遗传资源获取与惠益分享法律制度介评——以美国国家公园管理为中心》，《环球法律评论》2008年第4期。

生生物群落等事务均由国家公园管理局处置。同时,也强调国家公园管理局在涉及惠益分享中的私权主体地位,例如,《1998年国家公园综合管理法》授权国家公园管理局在与研究机构或商业公司进行惠益分享的协议磋商时,可以作为平等主体的一方当事人。不过,这些法律主要侧重于公园的宏观管理,着眼于生态环境保护和生态安全保护,因此一般禁止遗传资源的商业使用[①],对商业使用所衍生利益的分享更是几乎没有涉及。这使得有意于从事遗传资源商业开发和利用的生物公司往往感觉无从下手。这一状况直到《国家公园科学研究和资源收集许可基本条例》的出台才开始改变。该条例的出台得益于美国最大的国家公园——黄石公园与本土的迪沃萨生物技术公司的开发实践。正是该实践中产生的争议和其后的司法判决,才促使美国政府制定了直接规制遗传资源获取和惠益分享的这一条例。具体来说,1997年黄石公园与迪沃萨生物技术公司签订了一份在公园地域内进行生物勘探合作的协议,其中一条规定黄石公园对该生物勘探享有分享惠益的权利,主要包括专利使用费和资源产业利用得到的科技和商业利益。[②] 由于以往美国法律一直明确禁止公园从事商业用途的资源利用,因此黄石公园的这一做法遭到了公众的普遍质疑和批评,一些致力于保护环境的非政府组织甚至就该协议向法院提起诉讼,认为协议不仅违法,而且存在黄石公园为获取商业利益而损害资源安全的危险。2000年哥伦比亚地区法院兰博斯法官作出判决,驳回了原告的诉讼请求,理由是该合作协议的目的在于促成一种有效的、平等的利益分享机制,并没有违背相关法律的立法精神。[③] 这项判决打破了人们对国家公园不能参与生物资源商业利用的传统认识,对美国生物资源的立法影响极大。

根据《国家公园科学研究和资源收集许可基本条例》的规定,任何

---

① 例如,《国家公园2001年管理政策》规定:"除非有法律的特殊授权,或者享有从事该项行为的合法权利且该权利尚未到终止期,否则任何从国家公园取得的生物材料均不得用于商业用途。"

② 转引自王明远《美国生物遗传资源获取与惠益分享法律制度介评——以美国国家公园管理为中心》,《环球法律评论》2008年第4期。

③ 同上。

希望获取遗传资源的机构必须取得国家公园颁布的许可证，如实填写资源的使用数量、产地、用途等信息，一经发现信息不实，许可证即被撤回。同时，获得许可证并不意味着该机构对所搜集的物种资源享有所有权。此外，机构必须就生物资源商业利用产生的惠益与国家公园分享，分享的形式包括货币形式和非货币形式。

从上述规定可以看出，美国政府开始承认遗传资源上的"私益"，也十分重视国家公权在维护私益中的作用，但这一立法态度和立场只体现在本国的遗传资源保护上。对于外国遗传资源的获取和利用，美国采取了截然相反的做法。

美国既反对主权国家对遗传资源获取和利用的干涉，也反对遗传资源的私权机制，主张完全采用私人间合同的方式来解决问题。美国这样做的目的是，为本国生物技术公司和科研机构获取他国的遗传资源，扫除政府阻碍以及产权羁绊，从而使本国公司和科研机构能以最小的成本、最便利的途径获取他国的遗传资源。

德国的做法与美国类似。德国的自然栖息地比较少，相应地生物物种资源数量和种类也比较贫乏。不过，德国是最早认识到遗传资源价值并大力发展生物技术的国家之一。至2000年，德国的生物技术专利申请数量居欧洲之首。德国生物技术的飞速发展，主要得益于政府对生物产业的政策支持。在遗传资源保护方面，德国立法适用物权法的有关规定，即把遗传资源视为土地上的附着物交给土地主自己处分。只要不涉及濒危物种，土地所有权人原则上享有遗传资源转让或出售的完全自主权，无须政府的审核和批准。但通过狩猎或捕杀动物的方式获取遗传资源的，须遵守有关森林、狩猎等管理类法律规定，取得有关部门的许可证。

英国生物遗传资源持有现状和保护情况与德国相同，在法律上也采取相同的态度和做法：政府将遗传资源交由私人主体自由处分，政府一般不做过多干涉。

值得一提的是，遗传资源欠丰富的发达国家在遗传资源保护上虽然有很多共同之处，但也呈现出不同的特点。在私人保护立法上，德国和英国的做法与美国相同，都主张采用合同模式，提倡意思自治的基础作用，反对公权的干预。但是，前者的做法较后者的做法要缓和地多。作为 CBD 的成员国，德国、英国并不反对该公约的宗旨。例如，英国葛兰素史克公司（Glaxo SmithKline，GSK）在对他国的生物资源获取和利用时，确立了该公司支持 CBD 宗旨的立场，承认遗传资源持有人的惠益分享权益。[①] 再如，《关于生物技术发明保护的欧共体第 98/44 指令》（*Directive 98/44/EC Of the European Parliament of the Council of 6 July* 1998 *on the legal protection of biotechnological inventions*) 第 27 条，也明确鼓励遗传资源获取的申请者在专利申请中揭示遗传资源的来源。基于与生物资源丰富国家建立合作的需要，德国和英国都承认遗传资源所在国对本国遗传资源的管制地位，不反对主权国家对遗传资源获取和惠益分享的立法干预。

三 遗传资源丰富、生物技术欠发达的国家保护遗传资源的做法

这类国家又可以分为两种类型，一类是遗传资源丰富，生物技术水平相对其他发展中国家较高的国家，如印度、巴西和我国（我国的情况将在本书第六章详细讨论，本节仅讨论印度和巴西的情况）；另一类是遗传资源丰富，但生物技术比较落后的发展中国家，如哥斯达黎加、菲律宾等。

作为世界上 12 个生物多样性最为丰富的国家之一，印度拥有上十个完全不同的生物区域和占全球近 7% 的野生物种。同时，印度人口众多，分属 4000 多个部族和社区，文化多样性发达，相应产生的遗传资源利用的传统知识也十分丰富。印度丰富的物种资源一直是西方科研机构和生物跨国公司觊觎的对象。近些年来，遗传资源领域内出现的多起"生物剽窃"事件，如苦楝树案、姜黄案、巴斯马蒂水稻案，印度都是受害者。基于以上种种原因，印度对遗传资源保护采取了非常严格的公

[①] European Community, Second Report of the European Community to the Conference of the Parties of the Convention on Biological Diversity: Thematic Report on Access and Benefit-sharing, October 2002, p. 34. 转引自秦天宝《遗传资源获取与惠益分享的法律问题研究》，武汉大学出版社 2006 年版，第 260 页。

法管制立场。

2002年《生物多样性法》（Biological Diversity Bill, No. 93 – C of 2002）是印度为了实施 CBD 公约义务而制定的国内法。该法的立法目的与 CBD 一致，都是为了保护生物多样性、可持续利用和公平惠益分享。在遗传资源获取方面，《生物多样性法》规定，除非当地人或社区的传统利用，任何人或组织为任何目的获取遗传资源都必须取得印度的相关主管部门的事先批准。印度将主管部门分为三个层次：国家层级的生物多样性总局、邦一级的生物多样性管理局和地方层级的生物多样性管理委员会。其中，国家主管部门主要负责处理外国个人或组织申请获取的事宜，各邦和各地的主管部门主要负责处理本国个人或组织申请获取的事宜。此外，只有国家生物多样性总局有权决定涉及遗传资源惠益分享的事务。

在惠益分享方面，《生物多样性法》第21条规定，国家生物多样性总局在作出获取批准的决定时，应确保获取申请者、惠益主张者和相关地方机构能够根据共同协商达成的条件公平地分享由利用所获取的遗传资源以及与其利用和应用有关的创新和实践、相关知识而产生的惠益。[①] 也就是说，印度把提交惠益分享证明作为遗传资源获取的必要条件。惠益分为货币和非货币两种形式，其中非货币型惠益包括转让技术、印度科学家参与生物勘察和研发等。总体上，惠益由国家分享，但是《生物多样性法》也为个人或团体分享惠益留有余地。如第21条第3款规定，"如果生物资源或知识是从特定个人或团体或组织获取的，国家生物多样性总局可以根据任何协定的条件或其认为适当的方式，要求该款项直接支付给该个人、团体或组织。"[②] 由此可见，印度《生物多样性法》虽然没有确立遗传资源的私人性权利，但是并不排斥私人可以作为遗传资源权益分享的主体。

为了打击"生物剽窃"，印度对遗传资源获取和知识产权授权——生物研发的"进口"和"出口"两个方面进行严格管控，禁止任何人

[①] 秦天宝：《国际与外国遗传资源法选编》，法律出版社2005年版，第207页。

[②] 同上书，第208页。

在没有取得国家生物多样性总局批准的情况下以任何名义对在印度境内取得遗传资源在印度境外申请知识产权。① 即使是本国公民或在印度登记的法人、协会、组织在事先向邦生物多样性管理局申请之前，也不得为商业利用或生物勘察和生物利用目的而获取任何生物资源。② 为反对外国知识产权主管机关对基于印度本国遗传资源获取的知识产权授权，印度国家生物多样性总局可以代表中央政府出面干涉并采取各种必要措施。③

巴西也拥有极为丰富的遗传资源，拥有量甚至还超出印度。巴西境内有世界上热带雨林面积最大的亚马逊森林，得天独厚的地理优势使巴西的生物物种数量约占全世界的15%—20%，生物多样性位居世界之首。除此以外，巴西还拥有丰富的文化多样性，境内居住着190个土著族群，每一个族群都有自己独特的文化习俗和利用生物资源的传统知识。

巴西很早就认识到生物资源的宝贵价值和重要地位，早在1994年巴西就成为CBD的成员国，并于四年后确认了公约的国内法地位。不过，该国立法经历了从私法模式到公法模式两个阶段的转变。

1999年，巴西设立了"巴西亚马逊生物多样性可持续利用协会"，专门管理本国的遗传资源。该协会的主要职责是与希望利用遗传资源的商业公司签订协议，以获得经济或非经济利益。但是，2000年该协会与瑞士诺华公司（Novartis）签订的协议引起了国内许多学者的争议和众多民众的反对。巴西的法学家们认为该协议的内容侵犯了巴西国家的主权以及利益相关者的财产权。在社会各界的反对下，该协议没有实施。这个事件最后促使巴西转而采取遗传资源的公法管理模式，并于当年就通过了一项《保护生物多样性和遗传资源暂行条例》（以下简称《暂行条例》）（该条例又简称为《第2.186-16号暂行条例》 *Provisional Measure* No. 2.186-16, of August 23, 2001）。

该《暂行条例》的一大特点是设置了较为复杂的事先知情同意制

---

① 参见印度《生物多样性法》第6条。
② 参见印度《生物多样性法》第7条。
③ 参见印度《生物多样性法》第18条。

度。针对遗传资源的获取申请,该条例根据申请主体的不同类型分别作出规定。针对本国公民的获取申请,该条例规定必须经过国家管理委员会和利益相关者的双重同意,其中管理委员会的同意是以许可证的形式颁发。针对外国公民的获取申请,除必须获得国家管理委员会和利益相关者的同意外,还必须由负责国家科学技术研究政策的机构作出授权同意。此外,根据该条例的第16条第9款规定,国家管理委员会在颁发许可证时,实际上还须以获得其他利益相关人的同意为前置条件,例如,土著社区和官方代表对发生在土著社区所辖范围以内的遗传资源获取事项有同意权;国家主管机关对发生在保护区以内的遗传资源获取事项有决定权;私有土地主对发生在自己私有土地上遗传资源获取事项有同意权,等等。针对遗传资源的惠益分享,《暂行条例》规定了公平合理分配原则。[1] 惠益分享包括支付特许使用费、利润分配、技术转让、人力资源培训等多种形式。[2] 《暂行条例》对未履行公平惠益分享义务的法律责任作出明确规定,要求违约方支付损害赔偿金,且数额不低于产品销售所获得的总收入的20%,或违约方将产品、方法或技术许可给第三方利用时所获许可费的20%,同时违约方还应承担相应的行政和刑事责任。[3]

值得一提的是,巴西法律对"遗传资源"的界定没有完全使用 CBD 的概念,而是结合本国实际作了适当调整:一方面将人类遗传资源排除在遗传资源概念之外,[4] 另一方面不严格区分遗传资源和作为其载体的生物材料,遗传资源概念既包括生物实体资源内涵又包括遗传功能信息内涵,即遗传资源是:"包括在全部或部分植物、真菌、细菌或动物以及衍生于上述生物活体的新陈代谢的上述生物体的以分子和物质形式存在的活体或死体萃取物标本中遗传起源信息。"[5]

哥斯达黎加的国土面积很小,不到6万平方公里,但其拥有非常丰

---

[1] 参见巴西《暂行条例》第24条。
[2] 参见巴西《暂行条例》第25条。
[3] 参见巴西《暂行条例》第26条。
[4] 参见巴西《暂行条例》第3条。
[5] 参见巴西《暂行条例》第7条。

富的生物物种。据统计，在哥斯达黎加已经发现了占地球上 4% 的陆地栖地生物物种。天然的资源优势成为哥斯达黎加的重要财富。在过去 30 年里，哥斯达黎加政府十分重视生物多样性的保护和利用，制定了大量有关自然资源管理的单行法律，如 1992 年《野生生物保护法》、1995 年《环境组织法》等。同时，哥斯达黎加组建了半官方、公益性的、旨在促进生物多样性可持续利用的团体——国家生物多样性研究所，并成功地进行了世界上最早、最为著名的遗传资源获取和惠益分享的实践尝试——1991 年该研究所与美国医药产业巨头默克公司（Merck & Co., Ltd.）签订的一项商业性的生物开发研究合作协议。

在本国生物开发实践不断发展的情况下，哥斯达黎加政府筹划出台生物多样性的综合法律。1996 年立法院颁布《生物多样性法》提案，确立该法的指导原则包括：公平获取并分享由利用生物多样性组成部分所产生的惠益；尊重人权、特别是尊重那些因为文化或经济条件而被边缘化了的团体的利益；可持续利用有助于未来世代代发展的生物多样性资源；保障所有公民在和平的环境下参与各项决策的民主权利，等等。在经过相关团体对重要议题的充分讨论后，1998 年立法院颁布《生物多样性法》（*Biodiversity Law*, No. 7788）。

该法几乎包括生物多样性保护和利用的所有问题，如第 3 条规定的适用范围为境内生物多样性的所有组成部分，尤其是生物多样性组成部分的管理、利用、惠益分享等问题。不过，第 4 条对这一适用范围进行了限制，将为维护高等院校和研究机构在生物多样性领域教学或研究的自治权而进行的非商业目的的活动排除出去。

关于遗传资源的获取，该法规定了双重事先审查制度，即要求获取的申请者获得利益相关者（一般为遗传资源的持有者）事先知情同意证明和国家生物管理委员会的许可证。生物管理委员会是该国生物多样性事务的主管部门，由政府中的多个部门成员和农民、土著、科研团体等代表组成。

在遗传资源惠益分享方面，该法第 82 条对惠益分享的比例做出了特别要求：生物开发者应当将研究预算的不超过 10% 和其利润的不超过 50% 作为预付金，支付给实际提供遗传资源的国家保育区系统、土著人地区或私人。

除上述遗传资源获取必须获得土著和传统社区的事先知情同意以外,该法最大的亮点是采用了财产权机制保护其权益。以"专门的社区无形财产权"条款(Sui Generis Community Intellectual Rights)来承认土著和传统社区的相关权利。例如该法第82条第1款,"国家明确承认和保护土著人和地方社区对于生物多样性组成部分的利用及相关知识在知识、实践、创新方面的权利,即专门的社区知识权"。该条第2款还进一步对权利的性质进行了界定,即:"专门社区无形财产权是现实存在的,仅仅是因为与遗传资源和生化成分有关的文化实践和知识的存在就可以得到法律的承认,该权利既不要求事先声明、明确的承认,也不要求事先的登记。"从该条款的用词以及结合其他相关条款的内容来看,笔者认为该条旨在确认土著和传统社区权利的先验性,从而为其权利保护提供正当性理由。该项规定反映出哥斯达黎加非常重视对遗传资源和传统知识的实际创造者的保护。

然而,遗憾的是,该法并没有对于"专门的社区无形财产权"的客体做出界定,也没有制定有关遗传资源获取的具体程序,这对该法的实际执行效果会造成一定影响。

与哥斯达黎加一样,菲律宾的生物多样性也十分丰富。该国拥有约3500种特有物种,尽管囿于资金实力和研发水平,绝大多数遗传资源还未开发,但该国十分重视生物技术产业的巨大潜力。为保护生物多样性,菲律宾出台了较为完整的法律,从宪法到行政法,从部门法到专门法,都有涉及遗传资源保护的内容。例如,1987年宪法规定,国家承认、尊敬和保护土著人保存和保护其文化、传统和习俗的权利。1995年第247号行政令(Executive Order No. 247)确立了保护具有科学和商业目的以及其他目的开发生物遗传资源和其副产品、衍生物的制度框架。1997年《土著人权利法》(The Indigenous Peoples Rights Act)专门创设有关遗传资源和传统知识保护及利用中土著人的合法权利。此外,菲律宾规定国家对遗传资源享有主权和管理监督权,如《关于生物与遗传资源开发实施规则与条例的第96-20号部门行政令》第4条规定,所有有关遗传资源获取的协议都须与菲律宾政府签订,并首先由管理委员会审查和批准。

菲律宾立法的特点在于十分重视土著人权利的保护，对土著人享有的权利有详细列举。根据《土著人权利法》，土著人群体对遗传资源享有下列权利：一是对进入传统部族居住领地、获取生物遗传资源以及传统知识的控制权；二是对遗传资源进行商业开发时的事先知情权和依据其习惯法的同意权；三是对遗传资源商业化利用所得利益的分享权；四是遗传资源利用过程中的参与决策权；五是有关遗传资源在社区内的自由交换权。从内容上看，该法定权利不仅包括了CBD下的所有权利，而且还涵盖了程序性权利内容，范围十分广泛。

从上述两类发展中国家的做法来看，无论本国生物技术发展情况如何，发展中国家都十分重视对遗传资源的开发利用，当然更重视对利用的管制，同时也顾及对遗传资源持有人利益的保护，不过各国管制和保护的程度有所不同。生物技术相较其他发展中国家领先的印度、巴西等都倾向于采用公权管理模式，而生物技术相对落后的哥斯达黎加和菲律宾则更注重发挥私权保护模式。这种特点对我国的遗传资源立法具有一定的启示意义。

第三节　对域外遗传资源法律保护实践的评价

一　遗传资源合同保护模式的不足

从上述不同类别的国家立法实践可以看出，发达国家均主张以合同模式保护遗传资源。应该说，这种模式的确有合理之处。首先，通过合同解决遗传资源获取和惠益分享问题，较管制模式更具有针对性，效率更高。其次，私人签订合同可以完全根据自己的需要设计条款，因此权利和义务安排更加灵活。最后，合同模式只需私人主体间的协商，省却了政府部门的介入，手续简单、成本较低。

然而，合同模式也存在非常明显的弊端，尤其在发达国家和发展中国家的实力对比下，这些弊端更为凸显，主要体现在以下几个方面：

第一，合同的相对性带来遗传资源原始所有人追偿的困难。在商业化利用过程中，遗传资源常常在不同的使用人之间进行转让，继而产生遗传资源实际使用人与遗传资源最初使用人并不一致的情形。由于遗传资源的使用只需要几粒种子，甚至在运用科技手段提取了遗传功能信息后可以脱离原生物材料载体复制和保存，因此遗传资源的使用具有很高的隐蔽性。在这种情况下，遗传资源原始持有人即为遗传资源价值做出贡献的传统部族或社区在进行追偿时不仅难以找到最终的实际使用人，而且也没有合同依据能够直接向其主张权益，因此权益诉求很难实现。以南非的蝴蝶亚仙人掌（hoodia）"生物剽窃"案为例。蝴蝶亚仙人掌是生长在南非卡拉哈里沙漠一带的特有植物，开有非常鲜红的花，看起来类似仙人掌，因此学名叫作蝴蝶亚仙人掌（hoodia）。人们在食用这种植物后，可以有效地降低饥饿感，所以数千年以来当地土著人桑人（San people）一直保持着在外出打猎时咀嚼蝴蝶亚的习惯，这样他们就可以在途中好几天不用吃饭也能保持体力。桑人的这一做法引起了南非本国科学家的关注。1995年，南非科学工业研究委员会（Council for Scientific and Industrial Research，以下简称 CSIR）经过研究，从蝴蝶亚仙人掌中发现并分离出比血糖强一万倍、具有抑制食欲功效的活性成分 p57，继而在未征得当地土著人同意的情况下申请并获得了专利。两年后，CSIR 将蝴蝶亚的有效成 p57 通过许可使用协议授权给英国植物药（Phytopharm）公司。此后，该公司又与美国辉瑞（Pfizer）公司签订了许可使用合同，授权后者使用 p57。后者向前者支付了 3200 万美元的使用费，并从中成功地研制出新型的减肥药，预计市场价值达到 60 亿美元。直至今日，纯净的蝴蝶亚药品仍在欧美市场广泛使用，并被确认为是一种前所未有的减肥特效药。桑人在知悉这些情况后非常愤怒，声称自己所有的生物遗传资源和传统知识被盗窃，强烈要求相关使用人进行补偿。他们和 CSIR 开展了长期的谈判，CSIR 最终同意当地土著人可以分享特许使用费。但是，由于特许使用费产生的链条包括英国植物药公司和美国辉瑞公司，所以运作的速度很慢。事实上，当地土著人至今仍未获得任何利益。[①]

[①] Sarah A·Laird, *Biodiversity and Traditional Knowledge Equitable Partnerships in Practice*, Earthscan, 2002. p. 35. 转引自王艳杰、张渊媛、武建勇等《全球生物剽窃案例》，中国环境出版社 2015 年版，第 57 页。

第二，合同的形式公平常常掩盖实质不公平。以"意思自治"为核心的合同方式发挥作用，需要一个前提条件，就是合同各方当事人谈判能力应该相当或接近，而这个谈判能力又是以资金、技术等实力为基础的。在遗传资源获取和利用上，发达国家作为合同一方当事人无论是经济实力还是科研实力都处于绝对优势，这就决定了发达国家的公司和机构具有远远超越发展中国家和传统部族的谈判能力，由此决定了前者在合同谈判处于上风和主导地位，而后者则处于下风和被动局面。在这种情势下，合同条款通常有利于强势的一方，如果没有外力的介入，根本不可能实现过程和结果的公平公正。例如，哥斯达黎加生物多样性研究所（INBio）与美国默克公司（Merk & Co.，Ltd.）的合同一度被认为是发达国家与发展中国家在遗传资源获取和惠益分享问题上较为成功的范本。该协议包含了很多哥斯达黎加生物多样性研究所作为遗传资源的权利人可以分享利益的条款。然而，仔细分析该合同，我们不免会产生这样的疑问：在双方信息不对称的情况下，事先拟定的作为回报的2%—5%专利销售额，真的可以弥补遗传资源外流和专利垄断给哥斯达黎加带来的实质损害吗？[①] 如果事后惠益价值确定下来，双方再来调整分享比例，在实力不对等的情况下，作为弱势一方的哥斯达黎加所要面对的挑战可想而知。

第三，单一的合同模式容易陷入多个主体重复谈判的境地，徒增交易成本。欧美在遗传资源保护上一致力推合同模式，主要理由是可以降低交易成本。形式上看，采取合同模式可以直接与当事人谈判，省却了不必要的环节，因此交易成本相对较低。然而实践中，如果只采取合同模式，缺乏相应的产权配套，这种合同优势就很难发挥。例如，2000年，巴西大学与本国 Kraho 族印第安人共计18个部落中的其中三个部落，签订了一份关于采集当地植物资源的合同，双方就基于该植物资源的获取和惠益分享进行了约定。事后，其余15个印度安部落纷纷提出

[①] Rodrigo Gamez, *The Link between Biodiversity and Sustainable Development: Lesson from INBio's Bio-prospecting Program in Costa Rica*, Instituto Nacional de Biodiversidad, Santo Domingo de Heredia, Costa Rica, 2003.

抗议，认为此举侵犯了他们所享有的权益，对当地植物的采集仍属于盗窃活动，并将该争议提交到巴西联邦公共部（Brazilian Federal Public Ministry）裁定。最后，联邦公共部确认了该合同存在未经所有权益主体同意的事宜，因此宣告合同无效。[1] 这一案例说明，在没有法律明确设立遗传资源专有权及其权利主体的情况下，遗传资源使用人不得不与所有涉及的主体（通常是自然权利的推定人）签订合同才能避免合同无效的风险，这种遍寻权利主体的做法不仅存在疏漏的可能性，而且也会增加交易成本。

二 遗传资源专有权产生和演进的历史逻辑清晰

遗传资源专有权是指遗传资源持有人享有的对遗传资源的支配权。依此权利，遗传资源持有人可以控制遗传资源的获取、利用和收益分配。纵览遗传资源保护的国际立法和国内立法，我们可以发现一条清晰的遗传资源专有权产生和演进的历史逻辑：从"无主"物演变为受特定主体（国家或部族、社区）控制的物；从国家主权过渡到私人性权利。

（一）作为人类共同遗产的遗传资源

"人类共同遗产"的概念和规则并非遗传资源领域首先使用，早在20世纪60年代在联合国关于外太空探索活动制定的条约中就已经出现。1983年FAO推出《遗传资源行动纲领》将这一机制引入粮食和农业遗传资源领域，把一切粮农遗传资源包括野生的、农民种植的、科技改良的都作为人类共同享有的、可免费获取和利用的资源对待。由于这一纲领将运用现代科技改良的植物新品种也纳入人类共同遗产范围，因此遭到了发达国家的强烈反对和抵制。发达国家依据《植物新品种保护公约》，坚持要求将植物新品种从人类共同遗产范围中排除出去，适用知识产权保护制度，并且以实际行动不遵守或有所保留地遵守《遗传资源行动纲领》。迫于发达国家的压力，1991年FAO对这一纲领进行修订，放弃了"人类共同遗产"对改良物种的适用，只将野生的和农民传统种

---

[1] Eliana Torelly de Carvalho, Protection of Traditional Biodiversity - Related Knowledge: Analysis of Proposals for the Adoption of a Sui Generis System, *Duke Law Jourl*, 2003: 65.

植的粮农遗传资源放置于人类共同遗产的范围。

遗传资源的人类共同遗产机制，在生物科学技术发展的初期，尚未暴露其明显的利益失衡问题。然而，随着现代生物技术的发展，尤其是转基因技术的突飞猛进，遗传资源的科研价值和商业价值逐渐显现出来。在遗传资源成为稀缺资源的背景下，凭借技术优势取得资源优势从而再转换为市场优势的做法，成为发达国家推动本国生物技术发展的主要手段。这样，处于技术劣势的发展中国家非但无法从传统资源优势中获利，反而陷入传统资源被外国公司无偿掠夺、从外国公司高价进口基于本国资源衍生的专利产品的旋涡。这种不公平的利益分配结果，在知识产权保护的客体逐步扩大和保护水平不断提高的趋势下越来越突出，发展中国家普遍对遗传资源的"人类共同遗产"的法律地位提出批评和质疑，并开始了对遗传资源进行产权界定的运动。

(二) 作为国家主权的遗传资源

联合国大会早在1962年就颁布了《关于国家对天然资源的永久主权宣言》，承认天然资源是国家主权的对象。按照这一逻辑，生物资源作为天然资源的重要组成部分，理所当然应是国家主权保护的对象。如今，在现代生物技术体系下，生物资源的内涵已经发生变化，脱离物质材料载体的遗传资源概念上升为主导，成为生物资源国家主权和财产权的内核。

CBD是针对遗传资源，首先确立国家主权原则的国际公约，从此遗传资源所在国基于主权对该国的遗传资源享有控制权、处置权和收益权。但是，从权利性质和权利救济上说，这种作用是有限的。由于主权是国际公法上的概念，是指一国独立自主地处理自己对内外事务的最高权力。主权不能直接等同于权利，前者强调的是国家与国家之间的控制范围的划界，一旦被侵犯，只能通过国际政治、军事等力量来解决，而无法通过诉讼途径来救济；后者关注的是私人主体之间可支配对象的归属和可支配力范围的划分，一旦被侵犯，一般通过私力或诉讼方式来解决。所以，遗传资源的主权原则不能等同于遗传资源权利的概念。

国家主权原则虽然没有明确设立传统部族对遗传资源的财产性权利，但是为国内相关立法提供了依据。发展中国家对其领土上的遗传资源的商业性开发利用行为，提出应当分享包括知识产权权益在内的部分利益要求，是行使国家主权的一种体现[①]，是完全合理和正当的要求。所以，CBD关于国家主权的规定在一些国家和地区的立法中已经发展成为国家所有权和传统部族所有权。例如，哥斯达黎加《生物多样性法》第2条规定，所有生物遗传资源均隶属于国家主权的控制之下，根据其情况分别归国家、私人土地主或传统部族社区所有。安迪斯国家联盟《遗传资源获取共同规则》（the Common Regime on Access to Genetic Resources）第16条规定，承认传统部族和传统社区对其遗传资源和传统知识的权利。总而言之，国家主权原则使遗传资源开始摆脱无人监管、无权利主体控制的"公地悲剧"局面，打开了迈向私人财产权的"门扉"。

（三）作为农民权的遗传资源

遗传资源专有权曾在联合国粮农组织（FAO）2001年制定的《粮食和农业植物遗传资源国际条约》（以下简称"粮农条约"）中微弱闪现。根据该条约，农民（特别是植物遗传资源起源地和多样性中心地的农民）对保存、改良和利用植物遗传资源过程中所做的贡献享有权利，具体包括保护传统知识、公平分享利益和参与决策三方面的权利。这三个权利相互关联，共同构成"农民权"的内容。从权利内容设置来看，农民权已经具备遗传资源专有权的雏形。具体来说，FAO从经济利益分配角度，规定了农民对粮农遗传资源在商业化利用过程中的利益分享权，并且引入农民参与决策粮农遗传资源利用事项，从而在一定程度上保障农民对其资源的控制权。

但是，农民权存在明显的不足：第一，从权利类型上看，农民权并不是一种排他性的专有权利，而是通过对资源利用者（即育种者权主体）规定限制性要求来体现权利，因此它实际上更接近于一种消极的限制手段而非积极的权利。第二，从权利保障上看，平等的利益分享权缺乏有力的法律保障手段。农民权中的有些规定非常抽象、宏观，可操作

[①] 朱雪忠、杨远斌：《基于遗传资源所产生的知识产权利益分享机制与中国的选择》，《科技与法律》2003年第3期。

性不强，如规定通过发达国家企业与发展中国家企业的合作，实现商业利益的分享；有些规定虽然不那么抽象，但缺少实现的条件，如一方面规定在资源商业化开发阶段提供方与使用方签订的《材料转让协议》应包括在销售与粮农植物遗传资源有关的产品时，从销售利润中抽出一定比例的金额向规定的财政机构支付，并且这笔资金应首先流向资源提供方所在国，但另一方面却又规定在某些条件下资源可以"免费提供"，这使得农民在实际要求分享利润时处于被动境地。正是由于缺乏保障措施导致农民权"事实上只成为一种宣扬农民权利保护的空泛口号"。[①]

尽管农民权内容还存在许多不足，但是农民权概念对于遗传资源私权化的历史意义不容忽视。与CBD是针对生物多样性保护而确立遗传资源获取和利用的原则不同，FAO提出的"农民权"概念是专门针对育种者权制度中农民权益的保护而提出的。它宣示了粮农植物遗传资源作为权利客体的法律意义，从而为实现农民在遗传资源上的权益提供了前提条件。从这个意义上说，农民权较国家主权离私权概念更近了一步。

(四) 作为财产权范畴实践和讨论的遗传资源

从法理上分析，CBD为了保护遗传资源丰富的国家或地区能够分享遗传资源商业化利用带来的利益，把遗传资源及其相关传统知识视为一种类似于"有形物"的投资，因而用类似物权的方式来保护其经济利益。这主要体现在CBD首次认可国家或地区对遗传资源的控制权。在此基础上，CBD建立事先知情同意的许可机制，体现所有人对所有物的处分权，并以惠益分享权来落实对物的收益权。这种做法不仅认可遗传资源所在国对遗传资源享有的支配性权益，而且从制度机理上也完全具备财产权成立的核心权能。当然，由于CBD缺乏强制性的履约机制，无论是知情同意还是惠益分享，都停留在"鼓励性""倡导性"的法律条款上，在权益救济方面还存在着重大缺漏，因此无力直接落实为遗传资源专有权制度。

在国家和地区层面，生物资源丰富的一些国家或地区已经在上述公

[①] 严永和：《遗传资源财产权演进的历史逻辑》，《甘肃政法学院学报》2013年第1期。

约框架下，以国家主权为依据，以遗传资源利益分享为支点，在立法中构建了以"传统资源权""集体知识产权"等称谓的遗传资源保护制度。例如，1997年菲律宾颁布的《土著人权利法》第32条作出规定，土著文化社区、土著人有实践和创建自己的文化传统和习俗的权利；土著文化社区、土著人有权利要求归还未经自由和事先知情同意或违背法律、传统、习俗的情况下获取的文化、知识宗教、精神财富[①]。1998年哥斯达黎加颁布的《生物多样性法》第82条，明确设定了专门的社区知识权，即认可和保障土著人和地方社区享有生物多样性组成部分的利用权，以及相关知识在知识、实践、创新方面的权利[②]。1998年孟加拉国颁布的《生物多样性与社区知识保护法》第8条，规定该国境内的任何社区可以通过适当的法律程序，建立社区对生物资源和/或创新的权利[③]。2001年巴西颁布的《保护生物多样性和遗传资源暂行条例》第8条、第9条，明确提出该暂行条例及其细则所规定的土著和当地社区，有权利决定其与遗传资源有关的传统知识用途的权利；创建、开发、拥有或维护与遗传资源有关传统知识的土著或当地社区，有权利从第三方对相关传统知识进行经济开发的行为中获取利益[④]。2002年秘鲁颁布的《关于建立土著人生物资源集体知识保护制度的法律》第10条，明确指出该法所保护的生物资源集体知识是属于土著人的，也可以是属于两个或更多群落的土著人的，但不属于土著人中个别人的[⑤]，等等。目前，还没有太多资料显示该制度在实际生活中运行的效果如何，但在一定程度上，它向我们昭示出遗传资源专有权形式确立的实践理性。

遗传资源作为权利客体之所以能够进入理论界的研究视野、成为论证对象，主要是大多数发展中国家基于民族主义和对公平正义的追求，反抗一些发达国家的"生物剽窃"行为，致力于将知识产权制度保护范围从智力成果本身扩大到智力成果源泉的结果。发展中国家获益于遗传

[①] 秦天宝：《国际与外国遗传资源法选编》，法律出版社2005年版，第363页。
[②] 同上书，第155页。
[③] 同上书，第188页。
[④] 同上书，第289—290页。
[⑤] 同上书，第373页。

资源，不是基于任何捐助或施舍，而是基于遗传资源持有者对其保有的遗传资源所享有的权利，否则任何基于遗传资源的惠益分享都只是一种理论上的构想，在法律上没有强制性。因此我们有必要从学理层面研究遗传资源的权属性质和权利行使等问题。目前，围绕遗传资源的私权保护模式，学术界主要形成了知识产权说、传统资源权说、新型民事权利说等几种观点（具体观点阐述见本书第四章有关遗传资源专有权权利形态部分）。笔者认为，无论采用哪种学说，都是学理研究上的挑战，都需要学者们以非凡的智慧和勇气审慎地前行。

第三章

遗传资源专有权的私法证成

在缺乏法律规范的背景下，要想形成一个新的权利概念并非易事。从法解释学上看，这是一个法的发现过程。一种法益上升为权利，首先是对特定利益客观存在的事实发现，其次是对特定利益的可保护性的法律发现。从私法角度，这种发现过程包含三个方面：遗传资源专有权的观念基础——遗传资源作为新型财产；遗传资源专有权的法哲学、经济学基础——遗传资源专有权的价值评判；遗传资源专有权的建构路径——遗传资源专有权从推定权利到法定权利的法政策选择。

第一节 遗传资源专有权的观念基础

私法意义上的权利，通常和财产观念伴随而生，尤其是当保护对象具有经济价值时更是如此。从人们对财产的观念上看，财产是客体和权利的统一体，客体反映的是价值，权利反映的是对价值的支配。正因如此，在古罗马人看来，"我拥有一块土地"与"我拥有一块土地的所有权"相差无几。[①] 所以，研究私权概念，通常需要从客体和权利两个维度进行把握：从客体角度分析的目的是为了确定什么东西可以被称为财产，这种分析方法从物理上确定了财产的范畴，从而使人们对财产形成一种直观把握；从权利角度考察的目的是为了确定围绕该客体形成的法律关系，这种分析方法抽象出权利的行使边界，从而使人们能够正确地行使权利。以下笔者就是从客体和权利两个维度——财产和财产权，来

---

① 吴汉东、胡开忠：《无形财产权制度研究》，法律出版社2005年版，第4页。

解析遗传资源成为私权的观念基础。

一 财产概念的演进

（一）何物为财产

在民法理论中，由于法律传统的差异，大陆法系和英美法系关于财产概念的表述不尽相同。具体来说，大陆法系学者习惯用"物"的概念来表述财产，英美法系学者则习惯用"财产"的概念而较少使用"物"的概念。

"物"的概念最早来自于古代罗马法。罗马法根据物在性质上是否可以触摸而将物分为"有体物""无体物"两大类。有体物是指那些能够被触摸的物，如土地、房屋、车辆、牲畜等；无体物是指那些没有实体、而仅由法律拟制的物，如债权、用益权等。[①] 该无体物的概念和现代民法学理论"无体物"的外延不同，仍是一种以实在之物为对象的财产权利，不包括针对知识产品的无体财产权。因此，"罗马法所构建的只是一个物质化财产权体系"[②]，"确切地讲，罗马法所有权的概念只是一个对事实上个人所有权的一种经验性确认"[③]。但是，罗马法上的无体物概念对于后世拓展财产法上的客体范围"提供了一些关键的概念性工具"。[④]

1804 年颁布的《法国民法典》，沿袭了罗马法上对物的划分方法，把物分为有体物、无体物。法国立法者认为物既可以是被人们感知的有体物，也可以是没有实体存在、由人们主观拟制的无体物。法学家在述及知识财产时，往往将它们统一划归为"无体物"的概念之中。这样，无体物的概念在古罗马的基础上向外扩展，包括与物有关的各种权利（如用益权、债权）和与物无关的其他权利（如著作权、工业产权）。

[①] 参见周枏《罗马法原论》上册，商务印书馆 1994 年版，第 28 页。

[②] 吴汉东：《财产的非物质化革命和革命的非物质财产法》，《中国社会科学》2003 年第 4 期。

[③] 梅夏英：《财产权构造的基础分析》，人民法院出版社 2002 年版，第 8 页。

[④] 吴汉东：《财产的非物质化革命和革命的非物质财产法》，《中国社会科学》2003 年第 4 期。

德国立法者的做法则不同。1896年《德国民法典》规定"本法所称之物仅指有体物"。直至今日，德国民法意义上的"物"仍被解释为"有体的、占有一定空间的客体"，文学作品和发明等则被纳入"物"以外的另一类权利客体，即"在其上可以成立一个第三人的支配权或利用权的无体物"。①

英美法系虽然没有使用"物"的概念，但是在很长一段时期对财产的理解与大陆法系一样仅限于有体物。在英国著名法学家威廉·布莱克斯通（Sir William Blackstone）撰写的《英国法释义》第2卷中，财产被定义为"某人主张的、对外部客观世界存在的物的独占和专有的控制，这种控制彻底排除了世界上任何其他人对此物的权利"。可见，布莱克斯通不仅将财产定义为对物的一种支配性权利，而且将这种支配性权利推向了极致。

英美法虽然采用的是与大陆法相同的"对物的绝对控制权"视角去定义财产的概念，但英美法在规范财产的客体范畴时，采取的是更务实态度去界定财产权的调控对象。英美法对财产的一种基本分类是动产和不动产。动产划分为占有物和诉体物。占有物是指可以通过占有而享有的物，诉体物指可以通过诉讼而享有的物。诉体物也被称为"诉讼中的动产"，指的是在实践中无法通过占有来直接划定范围，所以往往需要通过诉讼途径，才可以划清"社会财产"与"我的财产"、"合法使用财产"与"非法使用财产"之间区别的财产。②

比较来看，大陆法系上的无体物概念和英美法系上的诉体物概念，其实质都是法律拟制出来的物。在知识产权出现之前，两大法系在认识财产概念的外延上均承认存在两种物——自然界客观存在的物（有体物）和法律拟制出来的物（无体物），财产概念的内涵也仅仅局限于对物的所有权。两大法系的差异在于：在大陆法系国家，对无体物的支配权不被称为所有权，而仅是一种财产权；而在英美法系国家，对无体物

---

① 参见丁丽瑛《传统知识保护的权利设计与制度构建——以知识产权为中心》，法律出版社2009年版，第87页。

② 吴汉东、胡开忠：《无形财产权制度研究》，法律出版社2005年版，第11—12页。

的拥有也被认为是所有权,即发展出广义的所有权。在知识产权出现之后,两大法系对知识财产的看法是一致的,都认为其不属于法律拟制的物,而是客观存在的精神产品,因此与有体物、无体物(制度性权利)并列成为民事法律关系中新的财产客体。

(二)财产是怎样的一种权利

古罗马时期构建的以物为基础的财产概念影响深远。财产权是人对物的一种权利,这种权利可以对抗不确定的多数人。大陆法系法学家们根据对实体物支配的经验性认识发展出重要的权能分析理论,并建立了以物权制度和债权制度为主要内容的财产法体系。根据所有权权能理论,所有权的占有、使用、收益、处分四个权能中的某一个或某几个,在一定条件下可以从所有权中分离出来,由所有权之外的其他人享有。这样的法律思维及其相应制度,相对于绝对所有权观念,是一种历史的进步。不仅有利于物的利用,还拓展了人们的思维空间,为人们在财产领域中继续创造新的财富提供了理论基础。这使得"人们不再关心我怎么样直接占有利用我所有的物,而是需求一种更有效利用物的途径,使自己的物在不断流转中增值"。①

英美法系并没有沿着上述逻辑发展出类似的物权、债权体系,而是建立了完全不同的财产权概念及其制度。这不得不归功于英美法系功利主义或称工具主义的理论传统。对后世财产权制度影响深远的权利束理论就是发源于此。

18世纪中期,布莱克斯通在《英国法释义》中提出了不同于"天赋人权"的关于财产正当性的理论。他从关注财产权的实际功能出发进行论证,提出财产权对人类来说最重要也是最值得珍视的功能是预期功能,即拥有财产权就意味着在未来的使用和收益有了可以预见的保障。这是一种对世的权利,可以保证人们劳有所获。② 与此同时,英国经济学家亚当·斯密(Adam Smith)也提到了财产的对物本质以及财产保障

---

① 高富平:《物权法原论》(下),中国法制出版社2001年版,第715页。

② Thomas W. Merrill and Henry E. Smith, What Happened to Property in Law and Economics, *The Yale Law Journal* 111, No. 2 (2001), p. 361.

合法预期的功能。他认为，知识产权也是一种对物权，"某人所拥有的存在于其著作或其发明的机器中的财产权，在著作权或专利权的保护期内，可以对抗世界上印制其著作或仿制其机器的任何人"，"财产既是交易的基础，也能为所有者的合法预期提供保障"。① 从财产权自身的功能来为财产辩护，这种完全不同于"天赋人权"形而上学说的理论为后世功利主义学派打开了思路，现代功利主义学派的创始人杰米里·边沁（Jeremy Bentham）从更广泛的角度对财产权的预期保障功能进行了论证。

从把财产看成是对物的所有权到看成是权利束，这个转变可以追溯至19世纪末20世纪初。一般认为韦斯利·霍菲尔德（Wesley Hohfeld）是其创始人。在霍菲尔德看来，财产不再是对物的支配，财产支配也不是绝对的，而是受到限制的。他认为不管有没有有形感知的物作为权利的对象，财产都是存在的。财产是包含着权利（rights）、权力（power）、特权（privileges）和豁免权（immunity）的一系列权利束（a bundle of rights），能够通过命令、禁止、许可达到和权力支配他人行为一样的效果。因此，一个物可能被几个人同时拥有，每一个所有者都享有其中某个特别的、有限的权利。这个视角与布莱克斯通把人与物之间非社会性的单纯关系作为切入点截然不同，其要义在于切断财产与有体物之间的关联。霍菲尔德的观点不久即作为主流观点被美国1936年《财产法重述》（*Restatement of Property*）所采纳并用于司法实践。19世纪中后期，美国法院的判决越来越倾向于把有价值的利益当作财产来看待，甚至在没有"物"为对象的时候也是如此。以"权利束"来描述财产权概念，最大的功用在于"从其自身固有属性来看本不能对世生效的权利、利益和请求主张，就会在归入'产权'（权利束）大口袋后瞬间变身'财产'，潜在地获得对世性的财产保护"。②

---

① Thomas W. Merrill and Henry E. Smith, What Happened to Property in Law and Economics, *The Yale Law Journal* 111, No. 2 (2001), p. 362.

② 冉昊：《法经济学中的"财产权"怎么了——一个民法学人的困惑》，《华东政法大学学报》2015年第2期。

霍菲尔德的财产概念是彻底非物质化的。财产的非物质化变革大大拓展了财产的内涵和外延，使得财产概念具有灵活性，从而使更多有价值的利益获得了财产的身份。这一显著作用在知识产权制度的诞生上尤为明显。在传统的私法理论中，所有权被描绘成对物的绝对性支配权，按照一物一权主义的原则，这种权利的性质是单一的，即在一个物件上只能设定所有权，同一物件上不允许有两个或两个以上内容相同的所有权存在。然而，由于知识产品的非物质性特征，若干个不同的主体可以在同一时间下对同一项知识产品进行使用，也可以在各自地域范围内同时享有和行使相同的权利。显然，单一的所有权理论不能对此种权益设定的情形进行解释。知识财产应建构与有形财产不同的理论基础和规则体系。知识产权是一种新型的民事权利，它不是单一形式的权利，而是组合形式的"权利束"。

权利束理论的影响更多地在于提出了新的解释方法，从而对新型财产的法律地位提供了新的研究工具、给予了新的解释模式。以此为基础，学者们正在探讨现代社会新出现的财富形式，如特许经营权、形象权等，当然，遗传资源作为稀缺的市场配置因素也成了该领域的讨论对象。

二 遗传资源成为财产

财产观的变迁从两个方面对遗传资源成为财产具有启示意义：一是财产由有形财产向无形财产的拓展和延伸为遗传资源成为财产客体提供了理论空间；二是财产权利构造由单维的所有权向多维的权利束转变为遗传资源专有权的设立提供了宝贵思路。

（一）遗传资源是区别于有体物和智力成果的新型无形财产

遗传资源的法律保护问题缘起于遗传资源作为一种具有巨大经济价值的遗传信息引起了人们的关注和思考：这种遗传信息是财产吗？

遗传资源具有稀缺性和有用性，满足了财产成立的必要条件，自不待言。但由于遗传信息隐藏于生物资源体中，人们往往需要借助对生物实体的占有才能获得对生物信息的利用。在现实交易中，特定生物体的遗传信息在法律和商业惯例上都没有成为独立的交易单位，必须依赖实体物的获取和转让。基于这一原因，遗传资源和生物资源常常融为一体，难以区分。因此，我们应该在观念上将二者区分开来：第一，就概念内涵而言，遗传资源是生物资源用以表达其性状或功能（如高产、耐寒、抗病虫害等）并可以复制传递给子代的生命信息，而生物资源是载有这些生命信息表现为生物体或其组成成分（如器官、细胞等）的实物。二者是遗传性状表达方式与物质载体的关系。第二，就使用目的而言，对遗传资源或者说遗传功能信息的使用，是为了满足科研和新产品开发的需要，而对生物资源的使用，在于一般的生产和消费需要，如对家禽的食用、燃烧秸秆来获取热量等。第三，就价值量而言，不是所有的生物资源都是遗传资源，只有具有特殊遗传功能价值的生物资源才是遗传资源。遗传资源具有稀缺性，其蕴含巨大的科研价值和经济价值，使得转让遗传资源的价格远远高于转让生物资源的价格。

遗传资源与智力成果也存在明显不同：遗传资源是客观存在的物质，不是人脑抽象认识产生的信息，而是事物本身的信息。而智力成果，是人脑主观抽象出来的信息，通过人的认识、感受而占有。

（二）遗传资源专有权是区别于传统所有权和知识产权的新型权利

遗传资源作为新型财产，在价值利用上存在如下特点：一方面，遗传资源与其客体的物质性存在是密不可分的——如果该有体物灭失，此种遗传资源就不复存在，所以立法上完全可以采取保护有体物的模式来保护遗传资源。另一方面，遗传资源的利用并不受制于物质材料，这一点与知识产权的客体一致，所以如果简单引入有体物模式，遗传资源持有人并不能实现对其的完全控制。对无形的遗传信息来说，遗传资源持有人的占有很容易落空，只能借助法律的强制性规定以及授予独占性权利才能实现。由于客体不具有智力创造性，这种独占性权利在现行知识产权制度框架内找不到位置。因此，应该设立类似于知识产权"权利束"的特别权利。

根据权利束原理，认识权利人对无形信息属性客体的独占性支配权利，应该注重把握权利的内部构造。首先，从权利的内容上看，这种支配权不是单一的一项权利，而是多项子权利的组合，每项子权利就是针对客体特定使用方式而形成的特定利益，这些子权利之间相互独立、内容各异，但同时又统一在一个权利名义的概括之下，成为一个有序的集合体。其次，从权利的行使上看，权利人可以许可若干主体同时享有同一子权利，也可以许可在不同地域的情况下，若干主体在各自范围内行使相同的权利。据此，遗传资源专有权的设计可以分成两个方面：一方面，作为一个总的权利包括多项子权利，例如，针对遗传资源的利用实践，可以设计遗传资源样本提取权；针对遗传信息的复制记录，可以设计遗传资源初始复制权，等等。这些权利根据实践需要产生，具体内容和范围则有待更深入的理论讨论和司法检验。另一方面，作为遗传资源专有权主体的传统部族或社区通常不具有开发利用遗传资源的技术和实力，遗传资源价值的利用主要通过本国或外国科研机构、生物公司等主体的参与来实现。这种情况下，作为权利主体的遗传资源持有人可以授予各个主体以相同或不同的子权利，在不同地域范围内对同一遗传资源同时进行使用。

目前，国际社会已经对遗传资源的财产价值达成一致意见，对遗传资源的权属保护也初步开始。国际社会对于遗传资源保护问题的探讨首先是从物的所有权开始的。这一点从已有的与遗传资源保护相关的国际公约中可见一斑：

首先是1992年的CBD，该公约从两个方面表现出国际社会仍以传统物权思维来看待遗传资源保护问题：其一，公约第2条对"遗传资源"的定义是"指具有实在和潜在价值的来自植物、动物、微生物或其他来源的任何含有遗传功能单位的材料"。如果去掉中间的修辞，该定义可以简写为"遗传资源是材料"。虽然强调了遗传资源的无形特性，但落脚处仍在实体物。可见该公约对遗传资源概念的界定模糊了遗传资源作为一种财产权的客体与载体的关系。假若能表述为"遗传资源是指来自植物、动物、微生物或者其他来源的任何材料中含有的具有实际和潜在价值的遗传功能单位"，则其客体和载体的关系更加明晰，逻辑关系也更加合理。其二，CBD首次认可国家对遗传资源的控制权，把遗传资源视为一种类似于"有形物"的投资，用类似物权的方法来保护其经济利益，并以此为基础，建立相关许可机制，体现所有人对所有物的处分权，并以惠益分享权来落实对物的收益权。这种做法完全因循了一般有形物所有权的传统思路,反映的是传统权能理论对遗传资源保护的解释力。

其次是2011年ITPGR,该条约提出的"农民权"内容主要表现为"留种权",同样是出于对种质资源即遗传资源的载体的关注而忽略了遗传资源的真正价值,沿用的仍然是一般财产所有权的思维体系。

可见,基于上述对遗传资源财产观的认识,今后在遗传资源领域的国际论坛上,我们要首先打破物权的固化思维,才能为遗传资源私权化的国际保护制度构建创造必要条件。

第二节 遗传资源专有权的法哲学、经济学基础

一 遗传资源专有权的法哲学基础

(一)自然权利理论:劳动说和先占说

法理学上,法的正当性与自然法思想有着密切的联系。判断法的正当性的标准就是自然法,凡是违反自然法的法律都不具有正当性:对于法律的制定者和执行者来说,法律的设立和运行应当遵循自然法的精神、趋近自然法的理想模式,才能向公众宣示其正当性;对于法律的信守者来说,唯有从法律与自然法的一致性中才能确立其正当性,树立信仰的理由;对于法律的反对者来说,也只有通过证明法律与自然法的背离才能表明其非正当性,推动法律的变革。自然法之于权利证成的重要性不言而喻,因此,遗传资源专有权的正当性也应从自然法上寻找根源和依据。

自然法上的自然权利被理解为一切权利的源泉。"自然权利"一词源自于拉丁文"jus natural",中文也译为"天赋人权",意指人生而有之、不可转让、不可剥夺的权利。财产权作为最原始、最古老的一项权利,自古以来就是人们热切关注的对象和话题,围绕财产权形成的态度和观点也各种各样。

在古希腊哲学家柏拉图看来,私人财产权会引起人们的贪婪,因而不是必需的,为了实现国家内部事务的协调一致和维护公共利益,人们的生活应该简朴,不应该拥有私产。与反对私人财产权的柏拉图不同,

古希腊另一位哲学家亚里士多德则是表达了对财产权的赞成和褒奖。在他看来，财产和家庭一样都是具有历史传统的、自然而然的社会制度。没有理由表明拥有私产会导致社会陷入不可调和的矛盾，使个人利益凌驾于公共利益。正相反，私人财产权可以促使每个人都关心自己的所有，所以私人财产权是创造社会财富的最有效手段，对社会是有好处的。"凡是属于最多数人的公共事物常常是最少受人照顾的事物，人们关怀着自己的所有，而忽视公共的事物；对于公共的一切，他至多只留心到其中对他个人多少有些相关的事物。"[①]

亚里士多德的自然法理论，经近代以来的学者如格劳秀斯、斯宾诺莎、霍布斯、洛克、卢梭、黑格尔等人的演绎，使自然权利的观念日益深入人心。特别是洛克的以劳动为核心的自然权利学说最具代表性、最有影响力。

洛克的自然权利学说，可以分为两个组成部分：一是强调财产权是天赋权利，任何政府和社会都应该为其提供保护，任何政府和法律的合法性前提和基础也是在于此。洛克认为，人类最初的状态是自由、和平的自然状态，这个状态是美好的，但也存在着"经常性的恐惧和危险"，原因是人们缺乏公认形式的法律和执法的公共机构，在这种情况下，人人都成为自然法的执法者，就难免有一些存私心的人作出损人利己的判决。为了避免这种恐惧和危险，人们应该放弃这种自然状态而进入公民社会。人类成立公民社会的方式是人们通过契约缔结联合体，并且每个人都承诺放弃各自单独行使的权利，而交由共同指定的代表即政府来行使，正是因为如此，政府只能消极地充当财产保护者的角色，如果政府不具有保护财产权的权力和目的，就不能继续存在。同时，政府在行使权利时，必须按照社会一致同意的规定进行，"这就是立法和行政权力的原始权利和这两者之所以产生的缘由，政府和社会本身的起源也在于此"[②]。二是强调财产权拨归私用的基础是劳动。在洛克看来，在自然状

[①] 亚里士多德：《政治学》，吴寿彭译，商务印书馆1965年版，第48页。
[②] [英]洛克：《政府论（下篇）》，叶启芳、翟菊农译，商务印书馆1997年版，第78页。

态下，上帝是把地上的一切给人类所共有，那么这种共有的物是如何转化为私有的物呢？正是对这个问题的探讨，洛克向世人贡献了堪称经典的劳动财产权说。洛克说，不是其他方式而是劳动，使人们对于原来处于共有状态的财产拨归私用，从而产生了私人所有权。具体而言，"每人对他自己的人身享有一种所有权，除他以外任何人都没有这种权利。他的身体从事的劳动和他的双手所进行的工作，我们可以说，是正当地属于他的。所以只要他使任何东西脱离自然所提供的和那个东西所处的状态，他就已经掺进了他的劳动，在这上面掺加他自己所有的某些东西，因而使它成为他的财产。"① 也就是说，劳动是使人外在的世界成为人主观愿望可以企及对象的途径和工具，只要是施加了主观劳动的物就可以成为人私有的物，就产生了私人财产权。洛克以劳动为基础的天赋人权论成为对后世影响深远的经典学说，它不仅完成了对传统私有财产权合理性的论证，而且为后人解释知识产权合理性提供了重要的理论依据。

知识产权诞生初期，很多学者对其合理性提出质疑，认为在不具有排他性的精神产品上设立财产权存在先天性不足。而支持者多采用自然权利理论来揭示其正当性。例如，立法者为确认和保护专利权，主张发明创造是公民天赋的、不可剥夺的自然权利。最典型的表述见于1791年法国《专利法》的前言中："任何新的想法，其实现或者开发可以变为对社会有用的，主要应属于构思出这种想法的人。如果认为工业发明不是发明人的财产，从实质上说，是违反人权的。"这段话表明公民取得发明创造上的垄断性财产权利，并非是国家授予的结果，国家只是宣告发明人本来享有的自然权利而已。

那么首先如何证成知识产权是具有自然权利属性的权利呢？洛克的劳动论为法学家们提供了有益的启示。尽管洛克的劳动说主要是针对有形财产而言的，但当代法学家们从劳动的分类中——体力劳动和脑力劳动，找到了诠释劳动与知识产权关系的思路，就这样，劳动为财产权设

---

① ［英］洛克：《政府论（下篇）》，叶启芳、瞿菊农译，商务印书馆1997年版，第19页。

置提供正当性依据的观点被顺理成章地延伸到知识产权领域。根据劳动说，只要某个人使"物品"脱离自然存在的状态，这个"物品"就掺进了自己的劳动，成为自己的财产。换句话说，只要是付出了增加价值的劳动，就产生了获得财产权的基础。体力劳动使有形物品脱离自然状态归属于私人财产；相应地，脑力劳动使无形的精神产品脱离自然状态归属于私人财产。"知识产权为私权，是以智力劳动为'源泉'，以法律确认为'根据'"。① 或者说，"增加价值的劳动是财产权产生的内在基础，是否具有创造性及创造程度的高低只是针对特定的知识产权设立的外部条件"。②

这样的分析，也同样适用于遗传资源私权化的论证。

遗传资源的保存和保护是一个动态过程。遗传资源虽然具有天然属性，但是也掺杂了人类的劳动。遗传资源是当地农民根据环境变化和有用性目的而不断改进形成的。"农业遗传资源是传统社区中的农民或原住民在长期的农业生产发展中延续保存下来的资源"。③ 传统农民对种子等遗传资源的每一次选取、耕种和保存，都增加了遗传资源的内在价值。除此之外，农民对遗传资源增加价值的劳动，还突出体现在农民的集体实践在事实上对现代育种技术和基因工程起到的"向导"作用上。传统农业在引入正规育种程序之前，品种改良和栽培技术的改进一直是依赖于农民的经验选择和耕作实践。正规的育种程序正是利用这种传统经验和技术，才得以开发出具有较高产量或具有某些优良性状的品种。所以，遗传资源内在价值的增加是当地部族或社区通过集体劳动而获得的结果。从这一意义出发，遗传资源专有权的确立并不缺乏正当性基础。

自然权利理论在遗传资源私权化上的运用还表现在该权利的先验性和不可剥夺性上。首先，遗传资源专有权是先验的。先验性，是指遗传

---

① 吴汉东：《知识产权的私权与人权属性》，《法学研究》2003 年第 3 期。

② 丁丽瑛：《传统知识保护的权利设计与制度构建——以知识产权为中心》，法律出版社 2009 年版，第 107 页。

③ 刘旭霞、张亚同：《论农业遗传资源权的保护》，《知识产权》2016 年第 8 期。

资源专有权是现实存在的，而不是创造的，它仅仅因为与遗传资源有关的传统实践即可得到法律的承认。该权利既不要求事先声明，也不要求正式登记而确认。正因如此，一些国家在立法中无一例外地规定国家"承认、尊重和保护"遗传资源及其传统知识的专门权利，而不是使用"创设或授予"字眼。例如，《非洲示范法》在其序言中明确宣称："当地社区对其代表他们生活体系、历经人类世代演化的生物资源、知识和技术的权利是优先于基于私有利益和权利的先验权利。"再如，哥斯达黎加1998年《生物多样性法》第82条关于"专门的社区知识权"条文中，立法者不仅指出国家承认和保护土著人和地方社区于生物多样性组成部分和利用上的权利，而且宣称该权利是现实存在的，既不要求事先声明也不要求正式登记，该权利可以包括任何将来可以获得此种地位的惯例，也就是说它是一种从习惯法中产生出来的自然权利。

其次，遗传资源专有权是不可剥夺的。由于遗传资源及其传统知识是所在社区世代劳作形成的，构成其社区传统完整性的一部分，因此社区关于遗传资源而享有的权利是不可剥夺的。发展中国家立法对此也大都作出了规定。例如菲律宾1997年《土著人权利法》，指出传统知识构成其文化完整的基础，属于土著人共同所有，属于全部世代（代际权利），因此不得出售、处置和破坏。此处，"不得出售、处置和破坏"实质上就是指这种权利的不可剥夺性。秘鲁2002年《土著集体知识保护法》也规定该项专门权利是不可剥夺和不可放弃的。

那么，如何看待野生遗传资源的财产权问题呢？劳动说在这里可以"胜任"吗？

以劳动为基础的自然权利理论是诠释私人财产权正当性的重要理论，但不是唯一理论。罗马法中"先占"说同样为私人财产权的证成提供了思路，而且其解释力已为学界普遍承认和运用。在罗马法上，关于财产所有权原始取得的规定源自于罗马人对自然法精神的遵循。自然法精神在于承认事物存在和运动的本来方式，自然法的最高境界是和谐。立法者的角色应当是这种自然秩序的维护者，而非破坏者。因此对于无主物的财产权取得，罗马人提出了"先占原则"，认为野兽、鸟类、鱼类等一切出自大自然的动物，一旦被某人捉住，就立即按照自然法成为先占者的财产。"捉住"的含义即为控制,作为财产权原始取得的一种方式,罗马人强调的是基于对物最先控制的事实,而确立先占者对该物件的所有权,这即为顺应自然秩序的做法。因此,依据先占取得财产权,无须考察主体的主观意思,只需凭借客观事实判断。

先占理论对于野生遗传资源财产权的确立具有重要的启示意义。虽然历史和本质地看,野生遗传资源的产生与当地部族或社区的劳动没有必然关联。但是按照先占说,野生遗传资源应该归属于保有这种事实控制状态的先占人,无论该先占人是个人还是集体抑或国家。从野生遗传资源的生长环境来看,多处于远离现代干扰的农村地区,受当地农民集体的控制,因此,理论上当地农民群体作为该遗传资源的先占人是遗传资源专有权主体的合适人选。唯有如此,才能体现事物的本质属性和维护和谐的自然状态。

(二) 公平正义论

遗传资源保存和保护作为一项整体性活动,毫无疑问一定存在一个道德价值核心,它是判断各种利益是否得以从自然权利向法定权利转化的基础。这个道德价值核心即为公平正义。然而,古今中外,不论是思想家还是法学家,对"真正"的正义观莫衷一是。正如著名的法哲学教授博登·海默对正义的描述:"正义具有一张普罗透斯似的脸(a Protean face),变幻无常、随时可呈不同的形状并具有极不相同的相貌。当我们仔细查看这张脸并试图解开隐藏其背后的秘密时,我们往往会深感迷惑。"[①] 正义理论的集大成者罗尔斯教授则进一步揭示了正义观变幻无常的原因,他认为,正义是从一个假设的原始状态——抽象的无知之幕出发的,而法律面对的是一群活生生具有自我利益诉求的人以及多元化的道德社会,这样,抽象的正义观就存在着现实化障碍。无论我们如何不能给正义观的内容做何种偏好和选择,公平正义始终是法律的逻辑前提,法律因公平正义的需要而产生,而这种需要是与主观需求相互联系的。于是,我们在探讨遗传资源专有权确立的公平正义基础时,应先

---

① [美] E. 博登海默:《法理学——法律哲学与法律方法》,邓正来译,中国政法大学出版社 2001 年版,第 252 页。

从围绕遗传资源产生的现实需求着手。

从词义来说,"需求"一般等同于利益、好处。对同一对象,不同的利益主体会有不同的需求。因此,遗传资源上需求的界定是以利益主体的划分为前提的。

从遗传资源保护和利用的动态链条上分析,遗传资源相关利益主体主要包括遗传资源持有人和遗传资源利用人。遗传资源持有人,是指保存和保护遗传资源的特定族群、社区或国家。他们对遗传资源的需求表现为,控制遗传资源的使用,限制未经许可的盗用或滥用,在来源上获得承认和尊重,维护遗传资源的多样性发展并从中受益。遗传资源利用人,是指掌握并运用现代生物技术对遗传资源进行科研开发和商业化利用的人。他们对遗传资源的需求表现为,最大可能获得遗传资源,以作为生物技术研发和产业化利用的资源,并通过知识产权制度的确认保障由此获得的市场垄断性地位。从制度上说,遗传资源利用人的利益需求已经通过现行知识产权制度得到很好的保障,并且这种保障在国际知识产权制度与国际贸易制裁措施的互动中继续得到强化和提升。与此相反,自遗传资源价值经商业化利用发现以来,遗传资源持有人的利益需求始终得不到强有力的保护。国际社会虽然已经通过CBD等国际公约开始关注遗传资源持有人分享利益的需求。但由于以美国为首的发达国家的阻碍,至今仍然没有以财产权制度作为最为有利的保障工具。

从遗传资源的现有保护和利用情况来看,遗传资源持有人的上述合理需求均没有得到满足。这种不公平突出表现在以下几个方面:

第一,遗传资源非法获取的情况时有发生,且获取方的收益和提供方的补偿不成比例。由于遗传资源与其他自然资源如石油、煤矿等开采利用不同,只需要一点点的样本就可以通过技术手段破译、占有、使用宝贵的遗传功能信息。这种利用方式很容易带来遗传资源获取和利用行为的隐蔽性,发达国家的私营部门往往不承认或无视这些遗传资源的来源,而直接绕过遗传资源所在国的审批程序去申报相关专利。同时,发达国家的私营部门常常利用信息的不对称和谈判的主导地位以极低的价格甚至是无偿的方式从发展中国家农民手中获取优质的遗传资源,然后通过改良、申请专利的方式攫取商业利润。这种先前支付的成本与在后的衍生商业利益相比，难以构成合理的对价。

第二，遗传资源未经改良直接申报专利的情况也时有发生。随着发达国家研究机构对许多地方社区遗传资源的大规模筛选，遗传资源价值总量在逐步减少，并被存储到发达国家的基因银行或种子库，成为他们可直接利用的财产。原则上，基因银行、种子库的材料是不能直接获得知识产权保护的，然而，根据非政府组织"国际农村进步基金会"在1998年出版的调查报告《植物育种者的不当行为》（*Plant Breeder's Wrong*）显示，至少有140个案例都是某些种苗公司直接以基因银行或种子库中的生物遗传材料当作自己培育的品种去申请植物品种权，并成功获得授权。

第三，遗传资源商业化利用后的惠益分享不仅未顾及或较少顾及遗传资源所在国。反而，遗传资源所在国在进口这些遗传资源衍生产品时，需要因知识产权保护支付高昂的价格，这对那些财政收入捉襟见肘的最不发达国家来说，无疑是雪上加霜。

第四，遗传资源商业化利用所带来的风险由遗传资源所在国单向性承担。遗传资源商业化利用带来的不仅是种子性能上的革命，而且也产生了种子多样性损失的风险。随着私营种子公司培育的新品种大规模地取代地方品种，遗传资源的多样性样本正在迅速消减。面对这一风险，发达国家公司可以凭借强大的技术优势通过"基因银行"来化解，但大多数落后的发展中国家则无能为力，只能通过田间地头的"自然基因库"来应付。发展中国家一方面要承担传统资源外流的经济压力，另一方面又要担负着维护自然基因库储备的公共责任。显而易见，这种权责失衡是极大的不公平。

于是，具体到遗传资源专有权上，公平正义观的价值内容主要体现为以下几个方面：其一，是保障人权的需要。目前遗传资源保护问题已经被提升到与发展中国家和传统部族的发展权、健康权等基本人权层面。遗传资源作为发展中国家的优势资源和一国传统医药的材料源泉，与发展中国家在后TRIPS时代谋求更多的发展机会以及解决本国公共健康问题密切相关。其二，是保护遗传资源可持续利用的需要。由于遗传资源的分布和遗传资源的商业利用存在明显的地域不平衡和水平差异，遗传资源正受到现实的盗用、滥用等损害，甚至可能因传统生产方式的消逝和生态环境的破坏而消失。因此，必须寻求一种法律上的制度引导和营造遗传资源保护和利用的和谐局面，从而增进遗传资源的可持续保存和发展。其三，是建立新的利益平衡需要。遗传资源具有"原生境使用"的特点，即由相关群体在其特定的生活社区内加以使用。由于这种使用在现行知识产权框架下，不具有产业化标准的制造和欠缺确定性的主体条件，而无法产生类似专利权保护的积极效果。遗传资源持有人在面对无法利用本土资源产生规模效益的同时，还面临使用者衍生性利用并获取专利权垄断的威胁。因此，建立新的利益平衡机制，分享基于遗传资源知识产权运用而带来的商业利益已经成为发展中国家的强烈诉求。财产权制度作为实现私人利益最有效的工具，应该成为遗传资源持有人及其所在国家在这一领域进行理论尝试和实践探索的重要阵地。

二 遗传资源专有权的经济学基础

（一）激励论

与自然权利理论完全不同，激励理论没有从赋权型保护的道义角度出发，而是关注财产权本身的功能来论证对具有公共产品属性的财产提供权利保护手段的合理性。公共产品在消费上不具有竞争性和排他性，难以避免不公平的"搭便车"行为发生。由于"搭便车"行为的存在，人们去维持或增加这些公共产品价值的动力就会严重不足。这种情况引起了人们对公共产品进行权利归属的思考。明晰的财产权是提供激励的手段，即产权的要义在于激励，产权激励是保护稀缺资源的良好方式和重要途径。如果资源为私人所有，私人主体便有正当的理由利用它，并以更有效率的方式创造出更多的财富。反之，如果资源为公有，任何人都可以支配使用，最终导致的结果只能是低效率和浪费。

在谈及产权激励功能的许多著述中，学者们常常引用"公地悲剧"术语来证明设置私人产权比公有产权更有效率。一个经典的例证是：美国华盛顿州养蚝的自然条件并不比中国香港更好，但是华盛顿州的法令允许私人拥有海滩，甚至海水下面的土地也可以归私人所有。所以华盛顿州成了养蚝的盛地。相反，香港的蚝场是公有财产，所以污染的程度惊人，导致蚝场的养殖效率反而低于自然条件欠佳的华盛顿州。[①] 产权激励机制落实到法律规范上表现为：任何有价值的资源均须由特定的主体享有排他性的支配权利。

长期以来，在法经济学上，知识产权正当性的基础一直围绕激励理论而展开。学者们多以激励机制来阐释知识产权制度对创新活动的积极作用。正是激励理论在知识产权法学领域的运用，经济学上的这一分析方法才逐渐被人们所熟知和接受。知识产权制度的宗旨被表述为：通过奖励特定主体的劳动，来刺激和鼓励知识生产劳动，从而推动社会公共福利的不断增长。在此宗旨下，对知识生产活动提供的经济诱因通过排他性专有权利的法律创制来实现。也就是说，虽然无形的知识产品天生不具有排他性继而也不具有可转让性特征，无法成为财产权的对象，但是立法者还是基于公共政策的需要，通过法律强制手段赋予知识产品的生产者以独占性排他地位，以控制一切智力成果的利用行为，并通过向使用者收费来回收知识产品的成本，从而有动力投入到下一次的创新活动中去。现行知识产权制度始终通过私人财产权的确立和保护来实现激励作用，而且在全球化背景下，这一作用正通过国际知识产权一体化保护呈现出越来越加强的趋势。

激励论在知识产权正当性上的成功运用，同样可以复制到遗传资源专有权的保护上。作为与知识产权客体相同的无形属性的遗传资源，同样不能通过物件占有的方式来实现排他性的控制，必须凭借法律的强制手段赋予遗传资源持有人以专有性权利，即遗传资源专有权。该产权机制将会产生两大积极作用：一是为促进生物多样性的可持续发展提供足够的经济诱因，保障遗传资源作为交易对象的充分供应；二是促进遗传资源商业化利用产生的利益在确定的权利主体间进行合理分配，确保遗传资源的有序利用。

（二）博弈论

随着曾经作为人类公共物品的遗传资源转变为受主权控制的价值稀

[①] 张五常：《新卖橘者言》，中信出版社2010年版，第245页。

缺的财产性物品，遗传资源丰富但科技发展水平较低的发展中国家与科技发展水平较高但遗传资源匮乏的发达国家之间围绕着遗传资源获取和惠益分配问题，展开了持久的博弈。对于这场博弈，双方是否有必要开展合作？对此，笔者首先从遗传资源与生物技术的关系方面进行论证。

21世纪是生物技术世纪，生物技术的特点在于资源的依赖性和资源的信息化。所以，遗传资源与生物技术是源与流的关系，离开了遗传资源，生物技术就成了无源之水；离开了生物技术，遗传资源的价值讨论也失去意义。可见，遗传资源利用中各方权益都必须借助遗传资源持有人和生物技术研发者之间合作机制的构建来实现，否则就会陷入"囚徒困境"。[①]

紧接的问题是，这种非零和博弈的合作在现行制度下能够或容易实现吗？答案是否定的，原因在于知识产权制度自身鲜明的工具性品质及其带来的不利于合作的后果。

知识产权是近代工业革命以来产生的新型财产权，知识产权制度是对源于智力劳动而产生的财富进行的制度安排。通过对知识产权制度发展历史的考察，我们发现知识产权制度带有强烈的实践性特征和自下而上逻辑推演的品格。为什么这么说呢？因为在知识产权领域，公共政策的制定者为了解决某一现实矛盾而突破知识产权制度进行新的制度安排的事例不断发生。最有代表性的例子是著作权法关于技术保护措施的规定以及专利法将基因纳入客体范围的做法。在版权领域，网络技术的普遍应用带来作品传播更加便捷、广泛的同时，也削弱了著作权人对作品的控制能力。为应对网络技术对作品控制的冲击，强化权利人控制作品网络传播的能力，技术保护措施被纳入著作权制度。事实上，这种防止他人接触作品的技术保护措施在制止非法使用作品的同时，亦使得个人合理使用几无生存空间。以往，权利人只能通过法律规定获得权利保护，而如今法律对技术措施的保护使得使用者许多无意识的行为都有可

---

① "囚徒困境"是经济学中用以描述博弈理论的一个术语，1950年由美国数学家阿尔伯特·塔克（Albert tucker）提出，用以说明为什么合作对双方都有利时，保持合作也是困难的，从而揭示个人理性选择并非是集体的最优选择。

能触犯著作权法,这样一来,使用者对作品进行使用的自由度就大大降低了,甚至远不如传统的纸质媒体时代。因此有学者提醒说,如果保护技术被普遍应用而且被著作权法给予强有力的保护,那么就很有可能会限制网络信息传播的巨大能量,也可能会潜在地摧毁公众与私人之间存在的利益平衡。再如,在专利权领域,基因序列携带的遗传信息在自然界中早已存在,对于基因序列的可专利性问题,尽管在法理上争议很大,环保主义者也一再指出人类对基因技术的滥用将会引发生物安全问题,但在基因产生的巨大商业利益面前,欧美发达国家还是选择承认从自然状态中分离出来的基因是人类干预的结果,可以获得专利保护,从而为基因技术发展提供了最广阔的制度空间。

西方世界在适用知识产权制度时,屡屡采用灵活的解释突破知识产权的理论界限,目的是为了及时保证创新者和投资者的竞争优势地位。而创新者和投资者为保障自己的研发成本能够获得回报,必然极力拥簇知识产权法始终保持开放和务实的姿态,不断将网络技术、生物技术产生的新客体新权项竭力纳入自己的调整范围。可以预见,在科技创新层出不穷的时代,知识产权将一直扮演保护创新成果的重要角色。"发达国家在知识产品的现代化生产中,以各种'智力创新'形式得到欧美国家主导的国际知识产权制度的周延保护。与此相反,知识产权制度对发展中国家的'智力源泉'却缺乏必要的法律涵养。遗传资源及传统知识权益在目前以TRIPS为核心的国际知识产权制度中没有任何位置,唯一一次友善回应——2001年被列入TRIPS理事会优先审议的议题也至今没有取得实质性成果。可见,这是一种明显向发达国家倾斜的国际知识产权体制,其结果是发展中国家的智力产品被搁在了公共领域,而发达国家的智力产品被紧紧掌握在私人公司手中。"[1]

国际社会交往的历史实践,以及国家之间的利益博弈案例,已经让发展中国家清楚地看到了国际产业竞争中知识产权制度具有的工具性本质及其带来的制度风险。对大多数发展中国家来说,知识产权制度是西方舶来品,没有文化土壤,再加上经济发展阶段的差距,在整体上缺乏

---

[1] 吴汉东:《知识产权的制度风险与法律控制》,《法学研究》2012年第4期。

知识产权制度的准备期。在发达国家援用国际贸易制裁手段的威胁下，发展中国家通过知识产权保护来获得经济利益的能力显然无法与发达国家比拼，因而必然带来在一个相当长的时期内发展中国家处于劣势地位的马太效应。如果不改变这种利益格局，发展中国家为了保护本国资源，很可能拒绝向发达国家提供遗传资源，启用警察系统封锁遗传资源，致使发达国家无法再利用遗传资源开发新的产品。在实践上，已经有这方面的案例。1979 年，非洲统一组织号召非洲国家秘密地对本土草药资源进行收集和研究，以防止西方跨国公司窃取并从中研发出新药，再高价向非洲国家兜售。这种做法虽然在经济上不是最优选择，但却能达到防范生物剽窃的直接目的。对于西方研究者而言，在缺少传统资源和传统知识的"向导"作用下，他们将被迫沿用自己以前的那套比较昂贵的研究模式，这将大大延长相关发明产生的时间，增加发明完成的成本。当然，如果遗传资源提供国对遗传资源要价过高，发达国家也可能会放弃利用该国的遗传资源，导致遗传资源国的遗传资源价值无法得到有效开发和利用，从而使遗传资源因为缺乏资金和技术而难以得到充分保护。在哥斯达黎加与默克公司的合作中，许可费的价格是保密的，理由就是当地政府担心其他国家以更低的价格让渡使用这些遗传资源。[①] 这个案例说明遗传资源国的报价应该在发达国家可承受的合理范围之内，否则难以实现合作。总之，无论是哪种不合作的情况，遗传资源的巨大价值都会被相关利益主体的"囚徒困境"所损耗，不仅损害利用双方的利益，而且最终损害人类社会共同的利益。

如何破解合作瓶颈，实现共赢目的？有学者指出，要扭转发展中国家的不利局势，有两种方案：一种是力争在国际上降低现有知识产权的保护水平；另一种是力争把本国占优势的但在国际上还不受保护的传统资源纳入国际知识产权保护的范围，并提高保护这些客体的水平。

对第一种方案，西方发达国家作为现行制度的既得利益主体，显然不太可能在知识产权国际保护体系中作出较大让步。已经有许多案例能

[①] Graham Dutfield, *International Property, Biogenetic Resources and Traditional Knowledge*, Earthscan, 2004, p. 45.

够充分证明这一点。20 世纪末,非洲爆发大面积的艾滋病感染事件,为了让大量感染者买得起治疗药物,南非通过利用平行进口、强制许可等弹性规定修改专利法来降低专利药品的价格。这一举措遭到众多西方医药跨国公司的强烈反对,39 家医药公司联合向南非高等法院起诉南非政府。① 为了寻求解决之道,2001 年 WTO 多哈部长会议通过了《TRIPS 与公共健康宣言》,确认一些有利于发展中国家获得专利药品的机制,允许无生产能力的发展中国家和最不发达国家在遇到紧急情况时,可以通过强制许可条款生产有关专利药品。这种做法在一定程度上有助于缓解发展中国家的公共健康问题,不过其发挥作用是以获得许可的发展中国家具备生产这些药物的技术、设备和技术人员为前提条件,其主动权仍掌握在发达国家手上,发达国家仍然可以通过挥舞"知识产权大棒"在国际利益格局中扮演绝对强势角色。

第二种方案是可行的路径,即通过扩张知识产权制度的内涵和外延来延伸保护发展中国家的优势资源。需要指出的是,为了有效保护传统资源而修改现行知识产权制度是有必要的,但完全或主要依靠现行知识产权制度的修改则是行不通的。正如吴汉东教授所言,"在国际上,中国与其他发展中国家应致力于制度创新,对传统资源采用与现行知识产权制度有别的保护机制,避开颠覆知识产权制度根基的法律变动"。② 遗传资源与知识产权客体存在根本上的差异,因此不能直接作为知识产权的保护对象。

从法律视角来看,财产权在很大程度上是博弈各方利益冲突的现实核心,也是通过博弈产生制度变革的突破点。既然现行财产权制度无法保护遗传资源,那何不在遗传资源之上创设新型的财产权?笔者认为,可以根据现代知识产权制度的逻辑语境来制定方案,即知识产权是知识类财产的权利形态,知识产权制度的构建和运行是以知识类财产这一核

---

① 孙皓森:《论 TRIP 协议与公共健康》,载唐广良主编《知识产权研究》(第 14 卷),中国方正出版社 2003 年版,第 114—115 页。

② 吴汉东:《后 TRIPs 时代知识产权的制度变革与中国的应对方略》,《法商研究》2005 年第 5 期。

心范畴为基础的。那么同样的道理,对遗传资源的保护也可以是通过赋予遗传资源以财产权来施行。

目前,国际社会对这种赋权型方案已经做了有益的探讨。早在1988年非政府组织——生物多样性全球联盟在发表的《贝伦生态社会主义宣言》中提出了"传统资源权"概念。这一概念为我们"超越知识产权"思考问题提供了有益的思路,但是还存在诸多理论上的不周延性,我们的任务就是在此基础上进一步挖掘,构建可行的遗传资源保护体系。

第三节 遗传资源专有权的建构路径

美国大法官霍姆斯说"财产是法律的一个创造",更是对已有事实的确认。"权利发生是沿着权利客体——权利关系——权利制度的逻辑展开,发现或确认新的客体作为中介或载体,新的社会关系和新的权利关系才能够发生"。[①] 遗传资源专有权作为一种新型财产权,其建构路径体现为从客体界定到权利界定、从权利推定到权利确认、从价值实现到法律实现,其基础是法律权利效用观的强化。

一 从客体界定到权利界定

新的客体的出现是新的权利得以建构的关键。遗传资源在人类生活中的作用越来越大,不仅影响了政治、经济、社会的运行,而且自身进行了独立化、价值化和财产化的进程,使得遗传资源成为权利客体。遗传资源成为重要的财富形态,产生了权益诉求,为遗传资源专有权的建构提供了现实基础。遗传资源专有权客体的实际存在,也决定了遗传资源专有权的内容。历史地看,财产权利的客体经历了一个扩张的过程,从有形财产到无形财产,不断有新的客体进入了财产领域。财产形态的进一步分化,使人们更多将信息类无形财产看作现代社会重要的财产类型。正如学者所言:"在理论研究和立法实践中,我们有理由对传统上并不认为是财产或财产权利的权利给予越来越多的关注和保护","以包

[①] 李晓辉:《信息权利研究》,知识产权出版社2006年版,第28页。

容一切基于非物质形态所产生的权利,从而回应现代科学技术与商品经济发展所带来的法律需求"①。遗传资源专有权正是人们在对财产权对象进一步认识的基础上新加入的成员。(这一内容已在本章第一节"遗传资源专有权的观念基础"中做了讨论,因此在此不再赘述。)

二 从权利推定到权利确认

(一) 契约、交易:形塑中的权利

在现实社会中,交易、契约、价格等已经在事实上彰显出某项财产权益的可塑性。当事人对通过交易价格的形成来完成对财产权的价值预设,但这种价值实现还只是一种状态,走向权利实现还有一个过程。

历史地看,现行法律对信息类财产如数据库、集成电路布图设计和商业秘密等保护正体现了从价值实现走向权利实现的发展路径。对数据库特别权利的保护,尽管目的是为了保护对数据库内容的投资行为,但实质结果是对数据库中信息财产权益提供了保护。对集成电路布图设计的保护,同样也是对高价值的设计信息的保护。商业秘密作为一种无形的信息财产,一开始并不被大陆法系国家作为权利对待,而是运用合同法、侵权法进行保护。但为了加大保护力度,大陆法系国家的法律逐渐将商业秘密纳入知识产权范畴,明确了其权利属性。

遗传资源权利的预设同样是通过现实中已经存在的交易、契约和价格等体现出来的。例如,美国旧金山的沙曼(Shaman)公司在与厄瓜多尔、印度尼西亚的社群商定遗传资源利用时,达成了一个利益分配协议,对预期产生的惠益进行了短期、中期、长期的约定。短期补偿包括为当地的社群提供医疗服务、清洁用水设施、扩建机场跑道等,中期补偿包括为当地在传统医药领域工作的科研人员提供经费,长期补偿是沙曼公司组建一个非营利性组织机构,从事土著人生物文化资源的开发和管理工作,以保护当地药用林木和生物多样性。这种惠益分享虽然没有直接以货币形式表现,而是以科研培训、基础设施建设等非货币化补偿

---

① 吴汉东:《财产的非物质化革命和革命的非物质财产法》,《中国社会科学》2003 年第 4 期。

形式安排，但无论是哪种模式，都是考虑了遗传资源持有人与遗传资源商业化产生的实际经济价值的关联性，在一定程度上承认了遗传资源持有人的权利主体地位。再如，1999年，英国葛兰素史克公司（Glaxo SmithKline，GSK）与巴西Extracta实验室签订合作协议，约定葛兰素史克公司有权在巴西境内采集8个遗传资源目标样本，同时支付Extracta实验室约700万英镑的使用费。该协议还规定如果葛兰素史克公司对目标样本的商业化利用成功，应从其净销售额中抽取一定比例支付给Extracta实验室。[1]

印度本国在遗传资源获取和惠益分享方面也有许多成功的案例。20世纪末，印度科学家偶然在卡尼族人生活的地方发现了一种抗疲劳的植物，当地人向科学家们透露了利用该植物的传统做法。于是，科学家们从该植物中分离出了12项活性成分，进而开发出滋补药品。随后该技术被许可给印度一家专门从事印度传统医学应用的公司，作为提供信息的惠益分享报酬，后者将50%的许可费和50%的药品销售额特许费分给卡尼族人，并帮助卡尼族人专门成立一项信托基金用于该惠益报酬的管理。[2]

不仅是各国发生的遗传资源交易案例反映出遗传资源可财产化的价值预设，而且有关国际组织在实践中也通过协议确立遗传资源持有人享有类似于所有权人的法律地位。例如，1983年FAO在发达国家的控制下倡导实行遗传资源的"人类共同遗产"原则，要求遗传资源国将遗传资源无条件提供给各国人员。但FAO在后来与国际农业研究咨询小组（The Consultative Group on International Agricultural Research，简称CGLAR）的协议中，确定CGLAR遗传材料保存中心不对其保存的遗传资源谋求知识产权。作为一项对研究人员的限制义务，这种做法已经透出对协议中作为弱势一方的农民权益的尊重。之后，为积极保护农民的

---

[1] European Community, Second Report of the European Community to the Conference of the Parties of the Convention on Biological Diversity: Thematic Report on Access and Benefit-sharing, October 2002, pp. 34-38.

[2] Ministry of Environment and Forests, Government of India, Thematic Report on Benefit-sharing, 2001.

权益，FAO 首次提出"农民权"概念，以此定义农民对植物遗传资源保存、保护和改良所做的巨大贡献。从创设目的、权利功能方面来说，农民权概念与遗传资源专有权概念已经十分接近。

(二) 诉讼：通往权利之路

从价值实现到权利推定，并不意味着权利的实现，还须一个关键步骤：权益救济。主体拥有一项权利，就必然要有维护和保持该权利的方法，以及遭到侵害时的救济措施，而诉讼往往充当了这个角色。很多时候，是通过诉讼来界定权利，从而使权利的范围进一步明确。在这个过程中看，利益诉求往往是诉讼的启动点，诉讼是利益诉求向权利转化的现实通道："利益诉求会走向权利诉求，而权利诉求一定要经法律确认，才会真正成为权利，成为'有效的要求权'。"[1] 正是从这个意义上说，英美普通法系不同于大陆法系，后者是权利先于救济，权利体系由立法者事先确立；前者是救济先于权利，权利体系作为一连串的补救手段而产生，目的是为了生成权利的具体性。[2]

1986 年，美国科学家洛伦·米勒（Loren Miller）宣称他发现了一种名叫 Da Vine 的新植物品种，并获得美国植物专利权（专利号为 No. 5751）。洛伦在其说明书中写道："这一新品种是在南美亚马孙雨林地区的一个人工花园发现的。"这个新品种表现出新的独特的性状主要在于致幻作用。在取得专利权后，洛伦还通过一家植物医药公司在美国生产和出售该专利产品。实际上，洛伦所说的新植物品种及其疗效很早就在亚马孙流域被当地原住民所熟知并使用。当地部族将位于该地域内一种神圣的植物——死藤水（学名 Banisteriopsis cappi），称之为"精神的葡萄酒"。当地人常用其树皮或树根酿制一种药用饮料，饮用后能够使人产生幻觉，医治多种疾病。千百年来，亚马孙流域的原住民长期种植并使用死藤水，而且掌握了将死藤水制作成药物的工艺。在知悉死藤

---

[1] 陆小华：《信息财产权——民法视角中的新财富保护模式》，法律出版社 2009 年版，第 212 页。

[2] 参见赵廉慧《财产权的概念——从契约的视角分析》，知识产权出版社 2005 年版，第 216—224 页。

水获得美国专利后,代表该地域内 400 个原住民团体的组织——亚马孙流域土著组织协调机构（COICA）表示强烈抗议,要求重新审查该专利的有效性。应 COICA 的申请,美国专利商标局（PTO）于 1999 年重新审查了 Da Vine 专利,并最终以在申请前已经有关于死藤水记载的出版物,因此该发明不具有新颖性和创造性为由撤销该专利权。[①] 然而,专利权人的进一步申辩说服了美国专利商标局改变了立场,在 2001 年又宣布该专利有效。

无独有偶,圭亚那的印第安原住民种植的一种名为 tipir 的植物遭遇了与死藤水类似的命运。根据当地人的传统,tipir 可用于止血、防止感染和避孕。当地人还用 tipir 进行捕鱼,将 tipir 的叶子抛入水中后,鱼会变得疯狂,片刻后即死去。这种捕鱼方法不仅不会污染水源而且还能保证鱼肉的口感。2000 年左右,一家英国医疗机构 Gorinsky 进行生物考察时,在当地居民的帮助下,不仅获悉了 tipir 植物的传统知识,而且从该植物中分离出有效成分并注册专利权。美洲印第安人协会对此提出抗议并启动诉讼程序,其协调人说:"每个当地人都有权知道发生了什么。死藤水案件后,许多人开始推动这项法律诉讼。"与此同时,当地政府已经撤销一些古老的好客规则,禁止外国研究人员出入相关领地。[②]

上述两个案例只是发达国家在全球范围内生物剽窃行径的"冰山一角",从中我们可以发现为了应对生物剽窃,发展中国家和传统部族除了以政府的禁止性命令作为管制手段外,主要维权手段是诉讼,即通过诉讼确立主体对遗传资源享有的权利。从目前已有的诉讼结果上看,传统部族对遗传资源享有积极权利的主体地位还不十分清晰,但制止遗传资源不当利用的消极权益已经得到确认,表现为可以通过专利法的现有技术规则提供一定程度的防御保护。尽管这种救济手段易受利益主体的干扰而呈现出不确定性,但仍不失为已经现实存在的权利确认和保护

[①] Carlos M. Correa 编著:《传统知识与知识产权》,国家知识产权局条法司中译本。

[②] Luiza Villamea. http: //www. grain. org/es/article/entries/1884 - biopiracy - news - from - brazil-guyana-and mexico2000-1-17. 转引自王艳杰、张渊媛、武建勇等《全球生物剽窃案例研究》,中国环境出版社 2015 年版,第 93—95 页。

方式。

到目前为止，遗传资源领域还未出现直接确立传统部族主体地位和积极权利的诉讼判决（当然也许已经存在，只是囿于资料所限，笔者尚未发现），不过，传统知识领域内"剽窃"案例的诉讼值得我们借鉴。传统知识与遗传资源都属于传统资源，只是客体表现不同，因此前者的司法判决对后者具有重要的启示和借鉴意义。以我国传统知识领域影响深远的《乌苏里船歌》案为例。1962年，被告到乌苏里江流域的赫哲族聚居区采风，收集到了一些当地的民间曲调，在此基础上创作了《乌苏里船歌》音乐作品。该作品被录制成光碟、磁带在全国发行后，取得巨大市场成功，但是被告的复制、改编行为既没有征得当地赫哲族的同意，并且也没有向其支付报酬。为此，原告以该行为侵犯著作权为由向法院提起诉讼。法院审理后认为被告在使用民间文学艺术进行创作时必须指明出处，这是保护民间文学艺术的最低要求，被告的行为侵犯了原告基于传统知识享有的精神权利。[①] 该案系我国法院首度承认民间文学艺术群体性主体的精神权利。从法理上来看，这个权利不是来自于法律的直接规定，而是"法院在解决纠纷的过程中，替当事人在他们之间重新缔结了一个契约"，"法院根据具体情形参与规则的形成。"[②] 由此看来，权利可以通过救济产生，通过救济产生的权利不仅能够解决当事人的争执，而且符合法律自身逻辑，是法律创造性的生动体现。

三 从价值实现到法律实现

价值和法律是两种不同的东西，这是早有定论的。价值是主观随意的，而法律是客观确定的。在财产权关系领域，如果任何有价值的东西都可以成为财产，那么，实际上任何行动都将导致对某人财产权的侵犯，特别是在该财产权被认为是具有绝对性的情况下。因为某人可以随着情势的变更始终以自己的利益为转移主张某物对自己有价值，而对此

[①] 北京市高级人民法院民事判决书（2003）高民终字第246号。
[②] 赵廉慧：《财产权的概念——从契约的视角分析》，知识产权出版社2005年版，第213页。

人有价值之物对其他人则不一定有价值,这样一来,找到一种标准区分财产和非财产将变得十分困难。①

所以,从权利推定到权利确认,并不意味着权利的实现或价值的实现,还需要最后一个步骤:从价值实现到法律实现。也就是说,从价值到财产权的转化需要求助于法律。事实也这是这样,法律力图保护的价值分配状态很大程度上就是法律自己造成的。接下来的问题是,法律是根据什么标准和规则来判断哪些价值应该给予法律保护,赋予价值以财产地位的呢?②

当代法学家们认为财产是这样一种概念,即"它是一个法律制度或者是一个用于实现某些功能的社会结构,"③"这些功能不仅服务于财产所有者,而且服务于更大团体的利益"。④

所以,当这种财产被认为符合公共政策时,法律就创制权利予以保护。换句话说,某一价值成为财产既是利益相关者争取的结果,更是公共政策选择的结果。这一点在知识产权客体上表现得尤为明显。比如,著作权的适用范围从书籍逐步延伸到摄影作品、影视作品、计算机软件和互联网作品;专利的保护对象从最早的技术解决方案扩展到化学制品、植物品种和基因序列;此外,集成电路布图设计、数据库等也逐一进入知识产权立法者的视野。"一些权利制度本是作为知识产权保护的例外或补充,现在却成为知识产权体系的新成员",⑤究其原因,就是要加大保护力度,从价值实现走向法律实现。

对遗传资源价值如何加大保护力度?从法政策学上说,是出于以下

---

① 高富平:《信息财产——数字内容产业的法律基础》,法律出版社2009年版,第175—176页。

② 同上。

③ See Friedman, supra note 3, at 109; Charles A. Reich, The New Property, 73 Yale L. J. 733, 771 (1964); Kenneth J. Vandevelde, "The New Property of Nineteenth Century: The Development of the Modern Concept of Property", 29 Buff. L. Rev. 325, 330 (1980)。

④ See Goldberg v. Kelly, 397 U. S. 254, 265 (1970); Richard A. Posner, Economic Analysis of Law 32-35 (4th ed. 1992); Reich, supra note 41, p. 771。

⑤ 吴汉东:《论财产权体系》,《中国法学》2005年第2期。

公共政策的考虑:

1. 确保遗传资源的持续利用

遗传资源是现代生物技术发展不可或缺的原材料。为促进人类科技进步和经济发展,遗传资源应进行充分利用。但这种开发利用不能是掠夺性的,应当以保护生物多样性为前提,以尊重遗传资源所在的传统部族和国家利益为条件,才能实现遗传资源可持续性的开发利用。这种政策目标在有关遗传资源保护的国际公约中均有体现:如CBD在序言中规定:"各国有责任保护它自己的生物多样性,并以可持久的方式利用它自己的生物资源",第1条规定:"本公约的目标是按照公约有关条款从事保护生物多样性,持续利用其组成部分以及公平合理分享由利用遗传资源而产生的惠益"。ITPGR第1条规定:"本条约的宗旨与CBD相一致,即为可持续农业和粮食安全而保持并可持续利用粮食和农业植物遗传资源以及公平合理地分享利用这些资源而产生的利益。"①

2. 保障遗传资源惠益共享

随着生物物种资源的不断减少,而生物技术对物种资源的需求不断增加,遗传资源已逐步由公共物品转变为稀缺物品,作为生产要素进入市场配置环节。那么,作为有偿使用的对象,遗传资源的市场价值或交换价格应该如何确定呢?这通常由遗传资源交易双方确立的对价,即利益分享内容表现出来。目前,发达国家已同意在不影响科技发展的前提下,承认遗传资源持有人的利益,但倾向于以合同形式而不是产权形式来明确利益关系。然而,我们看到如果仅仅依赖合同来规制遗传资源交易关系,对遗传资源持有人来说十分不利,因为他们在与经济实力雄厚的生物公司谈判时总是处于弱势地位,难以实现他们应得的利益。从法理上说,"如果不把这种利益转变成权利,那么这种利益是不安定的"。② 现实中发生的遗传资源欺诈、掠夺等侵权现象越来越多,究其原

---

① 罗晓霞、江虹:《遗传资源财产化:现实条件、决定因素和范畴研究》,《知识产权》2011年第2期。

② 季卫东:《法治秩序的建构》,中国政法大学出版社1999年版,第85页。

因是因为遗传资源持有人缺少绝对性的支配权利。所以，只有明确遗传资源的权属才能改变遗传资源持有人的被动地位，为利益分享提供根本保障。

3. 提高发展中国家的民族发展自决能力

由于制度缺失，遗传资源提供国与遗传资源利用国之间的利益分配存在明显的结构性失衡。这种结构性失衡对遗传资源提供国的影响是巨大的：作为遗传资源提供国的发展中国家在国际事务谈判中丧失了主动地位，传统资源优势无法得到充分发挥。如果我们能够主动作出具有法律意义的努力，为遗传资源提供赋权型保护，将极大增强遗传资源利用双方的市场依赖程度，提升遗传资源提供国的谈判地位，并以此为基础，在国际知识产权制度变革中，通过将遗传资源专有权的法律制度构建问题纳入 TRIPS 来要求发达国家承担对传统资源应尽的知识产权保护义务，从而突破发达国家制定国际规则的话语霸权，为民族发展创造有利的市场条件和国际环境。

综上所述，遗传资源专有权的法律创设，不仅能够为新型遗传资源交易关系提供新的规范工具，而且可以一元化地解决生物基因的商业利用和利益分享问题。这种权利一方面是法律逻辑直接演绎的结果，另一方面也是对生活事实的一种承认，同时也是一国公共政策选择的结果，所以具有很强的生命力和可行性。

第四章

遗传资源专有权的制度设计

已经呈现的基本事实是遗传资源是一种新型财产，而遗传资源专有权就是为谋求传统部族或社区、甚至国家在遗传资源上的积极财产权益的法律表述。由此，可以这样来表达遗传资源专有权的定义：在私法上，遗传资源专有权是指传统部族或社区对其所持有的遗传资源享有的支配权利。然而，这一概念是简单而模糊的，很多关键问题，如这种新型权利与已经存在的其他权利有何区别，主体是谁，客体是什么，内容是什么，为保护权利行使的配套机制又有哪些，等等。这些亟待我们对遗传资源专有权提出制度化设计，制度化而不仅是理论化，才是从法律权利到现实权利的必经之路，遗传资源专有权的实现需要制度化的力量。

第一节 遗传资源专有权制度设计的交易成本视角

析清财产权的功能，常常需要运用经济分析方法，深入研究财产权与经济发展的内在联系。这种打通法学和经济学之藩篱的理论探索，在英美等西方国家已经蔚然成风。法律的经济分析，是希望能"像经济学家那样来理解法律规则"。[1] 也就是说，用经济学分析方法对法律制度加以观察和评价。经济学分析方法的本质是成本效益的对比，即按照效率的标准来增进对法律的理解，来衡量法律规则的科学性。交易成本理论

---

[1] Polinsky, A. Mitchell, *An introduction to law and economics*, p. xiii, Boston: Little, Brown, (1989).

为我们检视法律制度的绩效提供了分析工具。因此，我们在进行遗传资源专有权制度设计时应始终坚持运用交易成本视角：在确立私人财产权的同时，还必须做出降低交易成本的努力。

一　交易成本理论简介

交易成本理论首先从"交易"和"交易成本"的定义开始。什么是交易？制度经济学代表人物康芒斯教授最早从法律层面上对"交易"进行了界定，指出"交易是个人之间对物质所有权的取得和让与"，即"交易是所有权的转移"①。正是他提出这个不同于以往"交易"的概念，促使传统经济学的研究起始范畴由"商品"转变为"交易"，并使得法学和经济学具有了相互关联性。交易的外在表现形式是资源的转移，既包括有形物质的转移，也包括无形信息的交换；交易的内在本质上是权利的转让，既包括所有权的移转，也包括使用权的让渡。

什么是交易成本？法经济学派经常使用这个概念却没有给出清晰的定义。科斯教授在分析产权理论时首次提出并使用"交易成本"概念，为解释经济现象提供了新的思路。威廉姆森教授将交易成本比作"摩擦力"②，用以说明不存在"无摩擦"的真空世界，每次交易中当事人都会在搜寻交易对象、估计客体价值、协商交易条件和监督合同履行等方面花费成本。波斯纳教授将交易成本定义为"实施权利转让的成本"③。张五常教授将交易成本扩大到所有经济制度费用，认为应将"交易成本"更名为"制度费用"④。人们对交易成本的理解越来越宽泛，但最终没有对交易成本的定义达成一致意见。不过，这并不妨碍我们运用交易成本理论评价制度效率的有效性：适当的制度安排会降低交易成本，反之则不然。

---

① ［美］康芒斯：《制度经济学（上）》，商务印书馆1962年版，第74页。
② ［美］奥利弗·E.威廉姆森：《资本主义的经济制度》，商务印书馆2002年版，第19页。
③ ［美］理查德·A.波斯纳：《法律经济学（上）》，中国大百科全书出版社2003年版，第43页。
④ 参见张五常《制度的选择》，中信出版集团2015年版，第62—64页。

二 交易成本理论对遗传资源专有权制度设计的意义

制度经济学告诉我们，财产权（经济学通常称之为"产权"）的要义在于激励，财产权激励是保护稀缺资源的良好方式和重要途径。如果资源为私人所有，私人主体便有正当的理由利用它，并以更有效率的方式创造出更多的财富。反之，如果资源为公有，任何人都可以支配使用，最终导致的结果只能是低效率和浪费，经济学称之为"公地灾难"。对遗传资源设立专有权正是建立在这样一种确信上：专有权保护能够为促进遗传资源和生物多样性的可持续发展提供足够的经济诱因，为遗传资源持有人直接分享知识产权惠益提供法律依据，从而成为遗传资源保护的一种积极模式。

应该说，用激励理论来诠释财产权确立是有合理性的。综观与遗传资源保护有关的学术成果，学者们早已提出诸多创设遗传资源专有权制度的看法[1]。但从法经济学分析视角观察，研究尚存在两个方面的不足：其一，对相关法律制度的经济分析重视不够，已有研究多从法哲学或伦理角度对遗传资源创设专有权进行论证，偏向于法教义学。例如，有学者从劳动论寻找权利基础；[2] 有的从国家主权的法律逻辑，得出"主权得以过渡为一种民事权利，一种私权，即遗传资源利益分享权"的结

---

[1] 这方面的论文很多，如詹映、朱学忠：《国际法视野下的农民权问题的初探》，《法学》2003 年第 8 期；吴汉东：《中国知识产权蓝皮书（2005—2006）》，北京大学出版社 2007 年版，第 299—300 页；刘旭霞、胡小伟：《知识产权视野下农业遗传资源产权化进程分析》，《知识产权》2009 年第 3 期；严永和：《遗传资源财产权法律逻辑诠释——以〈生物多样性公约〉为中心》，《暨南学报》（哲学社会科学版）2010 年第 1 期；杨红朝：《遗传资源权视野下的我国农业遗传资源保护探究》，《法学杂志》2010 年第 2 期；罗晓霞：《遗传资源保护的立法模式》，《河北法学》2011 年第 9 期；秦天宝：《生物遗传资源法律保护的多元路径》，《江汉论坛》2014 年第 6 期，等等。也有少数学者提出反对设权的看法，但这不在本书讨论范围之内，笔者拟另撰文析之。

[2] 秦天宝：《生物遗传资源法律保护的多元路径》，《江汉论坛》2014 年第 6 期。

论;① 还有的从人权角度论证遗传资源设权的合理性。② 其二，即使是从法经济学角度诠释遗传资源权利的学者也对交易成本理论运用不足，如有的学者仅对产权机制的激励要义进行了分析，缺乏对制度运行涉及的具体成本问题进行细致分析。③

　　笔者认为，财产权强大的激励功能促使人们常常将其作为资源保护的重要手段，这是毋庸置疑的。但是，问题到这里还没有完全解决，因为激励理论对产权设置的积极作用只是抽象的正相关关系。如果仅仅停留在这一层面，尚不足以促使市场主体作出实际的行动选择。实践中，市场主体必然是立足于产权机制形成的具体经济环境中，从权利的产生、行使和保护等各个环节所进行的成本—收益分析，才会作出恰当的行为选择。如果产权主体呈现出多元化结构，那么对于利用者来说横亘在其面前的谈判对象太多，交易成本太高，于是就可能出现"反公地灾难"问题，所以在"产权设定"和"资源配置"之间还必须加入交易成本元素，才能"明确初始法律权利配置对经济效率的影响"。④ 实践中，以美国为代表的西方发达国家一直以交易成本过高为由反对遗传资源专有权，阻碍设立相关保护机制，从而对遗传资源专有权的国际规则构建带来不小阻力。为此，我们十分有必要运用法经济学理论，从交易成本视角探讨遗传资源专有权的具体制度安排，比如，与遗传资源专有权保护有关的交易成本究竟有哪些？如何在设计权利规则时降低交易成本，做出更为可行的规定？这些都是我们在进行遗传资源专有权制度设计时必须考虑的视角和着力解决的问题。

三　遗传资源保护和利用中交易成本的构成及其影响

　　上述交易成本概念外延的扩展性，说明在考察制度交易成本时不能

---

①　严永和：《遗传资源财产权演进的历史逻辑》，《甘肃政法学院学报》2013年第1期。

②　孙昊亮：《多维视野下的遗传资源的法律保护分析》，《西北大学学报》（哲学社会科学版）2010年第3期。

③　刘旭霞、胡小伟：《论遗传资源财产权的经济学分析》，《广西社会科学》2008年第6期。

④　R. H. Coase, The Problem of Social Cost, 3 *Journal of Law & Economics* 1 (1960), p. 8.

局限于交易本身,而应以系统的视角从交易内部和外部寻找最相关影响因素。具体到遗传资源专有权保护制度设计上,就是要首先考察该制度最可能涉及的相关因素。从遗传资源保护和利用涉及的相关利益者角度,该因素可以从遗传资源持有人和遗传资源使用人两个视角进行检视。

(一)遗传资源持有人方面的交易成本

1. 遗传资源交易的协商成本

不是所有的动植物都可以作为遗传资源,只有那些隐含着具有遗传功能性状的、能被现代基因工程提取、破译和使用的独特基因信息的生物物种资源才能被视为遗传资源,其深层价值在于蕴含于物种体内无形的遗传信息。遗传资源必须借助现代科学技术才能识别和评估。就遗传资源交易而言,科学家或企业往往只需要一点点遗传材料的量,就可以获取遗传资源的全部功能信息。因此,遗传资源的持有人一旦交出遗传资源和相关传统知识,就很难实现对遗传资源的实质性控制和长期利用,尤其是在遗传资源开发利用完成后的惠益分享阶段,更无法提出分享利益的要求。以我国传统医药产业为例,贵州省拥有极为丰富的传统医药资源,是我国最重要的中药产业基地之一。但有实证研究表明,贵州黔东南地区传统制药产业发展缓慢,其中一个很重要的原因就是传统医药的持有人对药厂和科研机构不信任,担心交出药方后自己失去对药方的控制权,这在很大程度上延缓了协商的进程,阻滞了合作的实现。[①]所以,遗传资源的信息属性是影响遗传资源交易协商成本的主要因素。为降低协商成本,提高谈判效率,我们就必须在制度设计时找出能够应对该阻却性因素的法律对策。

2. 遗传资源权益的保护成本

遗传资源权益保护的成本,是指权利人为维护其对遗传资源的合法权益,排除他人不正当占有或消除妨害而付出的救济成本。遗传资源价值作用的基础是物种保存和保护工作,因此,遗传资源权益的保护成本

[①] 李轩:《传统医药知识产权保护:制度经济学视角》,《制度经济学期刊》2007年第1期。

主要表现为拥有遗传资源的所在国、群体或个人对外来获取和利用遗传资源行为的知悉、同意和授权,对未经授权的获取和利用进行排除不正当占有或消除妨害而支出的必要费用。如前所述,采用私法模式的菲律宾、哥斯达黎加、巴西等国立法不仅设立了遗传资源专有权,而且采用财产规则赋予该权利极强的排他效力,而美国则采用相反做法,以责任规则限制该权利的排他效力。这就要求我们在设计遗传资源权利内容的配置规则时进行合理选择。

（二）遗传资源利用人方面的交易成本

1. 搜寻遗传资源权利主体的成本

与谁交易？这是遗传资源持有人和遗传资源利用人在形成合作意愿之初就会碰到的问题,即遗传资源交易的主体问题,它与交易的搜寻成本有关。通常作为有意获取和利用遗传资源的一方是相关科研机构或企业,这在实践中很好确定。但交易的另一主体,即遗传资源权利人则很难界定。首先,由于遗传资源是基于土著部族或传统社区的数十代人集体智慧和实践而产生,时间跨度大,涉及人数众多,很难确定具体的权利主体;其次,遗传资源在地域分布上存在交叉情形,边界模糊,很难界定清楚遗传资源实际持有者的范围。而且现代育种活动基本上都是经过了多方搜集和长期交换种源的过程,甚至很多种源已经通过移地保护存放在基因库中,这更增加了确定主体的难度。[①] 为了确定交易的主体,必然要在实际操作中耗费大量的时间成本和搜索成本。所以降低搜寻成本的努力首先是在立法机制上对遗传资源的主体制度提出要求。

2. 遗传资源相关衍生利益的维护成本

遗传资源相关衍生利益的维护成本,是指通过技术手段利用遗传资源转化为专利产品时,为稳定产品的权属而产生的成本。诸多因素会影响该维护成本,但从法律角度看,最主要的影响因素是因违反专利法的相关规定,遗传资源利用人在申请专利时被驳回申请或不授予专利,或开发完成的专利产品被撤销专利,使得投入的资金无法收回,更谈不上盈利。这就要求我们在进行遗传资源专有权的制度设计时,必须正确处

[①] 杨远斌:《遗传资源的知识产权保护分析》,《学术论坛》2005年第4期。

第二节 遗传资源专有权的客体和权利形态

一 遗传资源专有权的客体

交易的协商成本与交易对象的属性有很大关系。当交易对象是实物形式时，协商过程往往比交易对象是信息形式的简单、容易。这是因为，根据"信息悖论"，当人与人之间交易对象是信息时，买方总会希望先获取信息以查看好信息的真伪和价值后再付款，而卖方则担心这样做后买方已经实际获取信息而不再履行合同。就此，买卖双方因信任问题而很难达成协议。①

遗传资源交易对象即遗传资源是什么？CBD第2条明确规定了"遗传资源"的概念。从内涵上看，CBD确立的这一概念强调遗传材料的"遗传功能"价值，定位于遗传资源的无形信息属性。因此，遗传资源作为保护的客体不能等同于一般的有形物。然而，纵观各国的遗传资源立法，在客体界定上出现了不同情况：有的明确采用与CBD一致的遗传资源概念，立足于遗传资源的无形属性，如孟加拉1998年《生物多样性与社区知识保护法》第4条使用的是与CBD完全相同的遗传资源定义；2001年巴西《保护生物多样性和遗传资源暂行条例》（*Provisional Measure* No. 2.186-16, of August 23, 2001）第7条第1款不仅采用了CBD遗传资源的概念，还着重强调了其无形信息属性。有的国家则未采用与CBD一致的遗传资源概念，在遗传资源概念的外延上，仍包括一切有形生物资源或形式。如菲律宾1997年《土著人权利法》（*Indigenous Peoples Rights Act*, No. 8371）第34条规定土著文化社区/土著人对"包括人类和其他遗传资源、种子、衍生物"等拥有权利；秘鲁在相关立法中直接采用的是"生物资源"术语，并界定为"包括具有实际或潜在用途或价值的遗传资源、生物体或其部分、生物种群或生态

---

① Henry E. Smith, Institutions and Indirectness in Intellectual Property, 157 U. Pa. L. Rev. 2083 (2009), p. 1.

系统中任何其他生物组成部分"。

学界对遗传资源的概念已经基本形成共识，但对该权利客体的界定还存在分歧，主要有三种做法：第一种是把权利客体扩展及生物资源和生态环境上，如有的学者出于对遗传资源依附于生物资源而存在的认识，主张遗传资源应包括生物资源①甚至是生态环境②，或者认为遗传资源就是种质资源③，不仅包括遗传信息还包括其所依赖的生命体或特殊生境；第二种是直接把遗传资源内涵当作是权利客体，如"将遗传材料所蕴含的遗传信息界定为遗传资源的客体"④；第三种把权利客体延及传统知识，如有学者已经敏锐地观察到遗传资源与传统知识的关系，在界定遗传资源内涵时，采用广义的概念。他们的做法又可分为两类，一类是不加区分、笼统概括。有的学者提出"传统资源权"概念，包括遗传资源和传统知识在内的一切有形、无形资源。⑤ 另一类是名义上区分、实质上混同。如主张"采取'遗传材料+传统知识'两者结合的概念界定方式，将遗传资源作为高位阶概念来使用"，⑥ 或者直接认为遗传资源概念包含传统知识。⑦

我们可以从学者对遗传资源内涵的关注视角来全面把握遗传资源专有权的客体。总的来说，学者的关注视角可以分为三大方面：一是遗传资源与生物资源的关系；二是遗传资源与知识产品的关系；三是遗传资源与传统知识的关系。

---

① 杨红朝：《遗传资源权视野下的我国农业遗传资源保护探究》，《法学杂志》2010年第2期。
② 徐海根、王健民等：《生物多样性热点研究外来物种入侵·生物安全·遗传资源》，科学出版社2004年版，第317页。
③ 薛达元：《中国生物遗传资源的现状和保护》，中国环境科学出版社2005年版，第1页。
④ 罗晓霞：《遗传资源保护的立法模式》，《河北法学》2011年第9期。
⑤ 严永和：《传统资源保护与我国专利法的因应》，《知识产权》2007年第3期。
⑥ 钊晓东：《遗传资源知识产权法律问题研究》，法律出版社2016年版，第7页。
⑦ 张海燕：《遗传资源知识产权保护法律问题研究》，法律出版社2012年版，第17—19页。

（一）遗传资源与生物资源的关系

从生物学意义上说，遗传资源是生物资源内部蕴含的一种生物信息，它以生物有机体中的基因为依归。基因是指核酸分子中存储遗传信息的遗传单位，这种遗传信息是通过特定的碱基序列表现出来。每个基因都有特定的碱基序列，其功能在于表达某种特定的生命性状。因此，我们可以将遗传资源表述为：以特定碱基序列来表达生命性状的方式。遗传资源实际上就是生命性状的传递和表达，具有以下几个特点：一是遗传信息作为一种由碱基序列的排列组合表现出来的"生命密码"，并不是非物质的，而是客观存在的物质。和电磁波一样，虽然我们用肉眼看不见它，但它是大自然客观存在的，不是我们人类臆想出来的。二是遗传信息是物质的，但是无形的。人类无法直接用肉眼观察到，只有借助科学仪器和科学手段才能发现并记录下来。三是遗传信息与生物资源之间是一一对应的关系。每一种特定的生物资源都蕴含着某种特殊的遗传信息，而且遗传信息不能独立存在，需以生物资源为载体。世界上不可能有脱离生物资源而自然形成的遗传信息。

从物理角度看，遗传资源是生物体的特定组成部分，且在外在表现形式上二者融合在一起，人们用肉眼很难辨识什么是生物体中的遗传资源。然而，从经济效用上分析，遗传资源与其依附的生物材料却有着天壤之别。生物材料主要表现为特定物种、种以下的分类单位如亚种、变种、品系等生物体或该生物体的组成部分如器官、组织、细胞、染色体、基因、DNA等实体物。人们对生物材料的利用由来已久，不仅有物理属性上的使用，还有社会属性上的使用。例如，用树木做燃料、把牛肉做成牛肉干食用或出售、在水稻中选取种子播种，等等。与此不同，遗传资源是生物材料中决定生物体性状的、可以通过突变、重组等方式实现进化的生命信息，其本质是一种待发掘的、客观存在的自然信息。这种信息是生物技术开发中不可或缺的元素，因此，就经济效用的价值量而言，转让遗传资源的价格远远高出转让生物材料的价格。就战略地位而言，遗传资源保护更多地关系到国家的粮食安全和经济安全，具有较高的战略地位。

生物学上的定义为上述第一种学术观点提供了合理性依据。一些学者认为遗传资源专有权的客体应扩展到生物资源甚至生态环境上的出发点，主要是遗传资源与作为其载体的生物资源之间有密不可分的关联，可以说，这样做不仅考虑到了遗传资源对生物资源的依赖性属性，更是将研究视野扩展到整个生物多样性的价值层面，进而在权利设计和制度构建时从价值取向上更偏向于那些为生物多样性保护作出贡献的原住民和当地社区。

然而，笔者认为，这种做法可能要面临学理上难以解决的矛盾，从而不具有理论上的周延性。遗传资源的价值核心是遗传信息，而不是作为其载体的生物资源。遗传资源商业化利用中，利用人主要是从生物资源中提取有价值的遗传信息，然后再去开发产品或申请专利权。在遗传信息被破译和提取之后，剩下的生物资源对科学家来说一文不值，已经失去利用的价值。根据这一特性，遗传资源专有权设立的初衷，就是在生物资源完好无损，但遗传信息被他人提取使用的情况下，为该资源的所有人向他人主张经济赔偿提供法律支持。所以，从权利针对的对象来说，不是有形财产形式的生物资源价值，而是无形财产形式的遗传资源价值。此外，客体的无形性+有形性混同的方式，会使得物权和知识产权对于其保护都无法适用。说到底，这是一种未突破传统物权思维桎梏的做法。

(二) 遗传资源和知识产品的关系

遗传资源与知识产品的区别是显而易见的，正如吴汉东教授所言，"遗传资源既不是传统所有权意义上的'有体物'，也不属于现代知识产权意蕴中的'智力成果'，它是一种特殊性质的客体"。[①] 与知识产品相比较，遗传资源具有非创造性、物质性和载体唯一性的三大特点。具体来说，遗传资源起源于大自然的自然选择，是生物体的自然信息，不是人类创造的信息。虽然遗传资源是当地农民根据环境变化和有用性目的而不断改进的，其进化过程融入了人类创造性的劳动，但这种创造性只是影响遗传资源进程的因素而非遗传资源本身的特性。遗传信息作为一种自然信息，不是大脑通过认识、感受、经验而主观臆想出来的，而

---

① 吴汉东：《知识产权多维度解读》，北京大学出版社2008年版，第310页。

是事物本身存在和表现出来的。这种自然信息,虽然是无形的,但其实是生命体内部通过蛋白质形式表现的信息,所以具有物质性。遗传信息天然地隐藏在生物体内,当经过人类科学技术的干预,脱离生物材料,并复制记录在其他载体上时,它已经不是遗传资源权利化讨论的对象,而成为知识产权保护的对象。换句话说,只有天然的、未经人类智力干预的遗传信息才是遗传资源专有权保护的客体,而脱离了天然存在的状态、加入了现代智力劳动的遗传信息则是知识产权保护的客体。

不仅如此,遗传资源的载体是唯一的,由此产生的排他性较弱。要想防止他人对遗传资源专有权的侵犯,就必须防止他人对生物资源的非法占有。他人一旦获得了遗传信息,便可以无限次地复制遗传信息,而通过复制他人已经提取的、并经修饰的遗传信息再用于开发技术成果的行为是不受遗传资源专有权控制的,因此遗传资源专有权人对生物体的初始占有具有重大意义。与此相反,知识产品的载体不是唯一的,其法律强制赋予的排他性较强。知识产品无论是记载在何种载体上,都不会改变其权利性质。如罗丹的雕塑作品"上帝之手"本身是以石刻方式来表现,但不管是将它拍成平面的照片作品,还是在其他塑料、木头等载体上精确复制再现,它们仍属于罗丹的智力成果,在不具备法定抗辩事由的情况下,对它们使用的行为都必须获得罗丹本人的同意才系合法。也就是说,对于知识产权人而言,无论智力成果几经辗转,都始终受其控制,他人对原始载体的占有没有什么意义。

上述第二种做法直接将遗传资源概念的内涵作为客体理解,没有什么不妥,但是如果仅止步于此就会失去意义,不仅没有完全解决遗传资源专有权的控制对象问题,而且还会存在无限扩张遗传资源专有权的控制范围之嫌。从制度机理上来说,明确遗传资源的信息属性,其作用在于从信息产权保护的角度建构遗传资源获取和惠益分享制度,使遗传资源专有权人对遗传信息的支配权和分享利益权不因遗传信息被破译后不再依附于生物资源而受影响。但是,这种支配权的范围究竟有多大,对知识产权造成多大的影响才合理呢?这是值得我们关注和思考的一个重要理论问题。现实中,对遗传资源利用的实际做法表明,技术创新是一个逐步演进的过程。科学家最初从生物资源中发现遗传资源价值,进而在某一个基因片段提取活性成分（遗传信息），随后可能在此基础上进行各种改进，产生多样的技术方案。比如，以该活性成分为基础，寻找到合成某化学药品的方法；或者在该活性成分上找到改良性状的新用途等。前文述及的跨国公司对非洲桑人拥有的特殊植物蝴蝶亚仙人掌（hoodia）的研究和使用即属于这种情况。据资料显示，在南非科学研究机构从蝴蝶亚仙人掌内发现并提取了能够抑制食欲的活性成分p57后，该研究所将p57相继转让给了英国植物药公司和美国辉瑞制药公司，而英国植物药公司又将p57转让给了更大的跨国公司联合利华公司。此后，辉瑞公司和联合利华公司经过研究，认为该化合物具有引起血压高等副作用，因此都放弃了最初的生产减肥药品的计划，转而生产功能性食品。到目前为止，已经有多个发明人成功申请了以p57为基础的专利。① 可见，遗传信息的利用是一个不断改进和创新的过程，且涉及很多创新主体。那么，这些创新主体是否都应该征求遗传资源专有权人的同意并支付报酬呢？

上述案例中，科学家对遗传信息的取得其实可以分为两种类型：一种是原始取得；另一种是继受取得。原始取得，指的是首次从生物材料中提取遗传信息，并记录在其他载体上。这种使用必须以遗传资源的生物材料占有为前提。继受取得，指的是没有直接从生物材料中提取遗传信息，而是通过许可使用或转让的方式间接地从遗传信息的原始占有人处获得该遗传信息。显然，这种使用无须占有生物材料，而只需通过科技手段进行复制即可实现。据此，笔者认为，如果在理论上认为遗传资源专有权的客体仅是一种无形的信息，那么上述问题的答案显然是肯定的，即只要发明人使用了该信息，就应该向遗传资源专有权人支付报酬，而无须考虑是原始取得还是继受取得的情形。但是，当在理论上认为遗传资源专有权的客体是一种无形信息，且系与生物材料载体不可分离的信息时，答案就分成两种：在原始取得的情况下，发明人应该向遗

---

① Sarah A·Laird, Biodiversity and Traditional Knowledge Equitable Partnerships in Practice, Earthscan, 2002, p. 35. 转引自王艳杰、张渊媛、武建勇等《全球生物剽窃案例》，中国环境出版社2015年版，第57页。

传资源专利权人支付报酬；在继受取得的情况下，发明人并没有实际占有遗传资源，因此不应该向遗传资源专有权人支付报酬。

将遗传资源专有权人的支配范围限制在原始取得的范畴是有重要现实意义的。如果没有这种限制，将导致遗传资源持有人的控制权无限膨胀，进而带来遗传资源与后续技术创新的因果关系被无限扩展，以及同一客体上遗传资源专有权与知识产权的严重冲突，技术创新将变得困难重重。同时，不做限制的制度设计在实际操作中会遇到阻碍。按照保护知识产权要求，继受取得的发明人在进行创新前，应该首先向已经成功提取遗传信息并获得专利的专利权人征得同意，然后才能改进。在遗传信息属于遗传资源专有权人的情况下，该发明人除了征求专利权人的同意外，还必须征求该专有权人的同意。这种要求对于现代育种活动的发明人来说很不现实、也不经济，发明人难以搜寻遗传资源专有权人。因此，这种义务要求要么无法履行，要么履行的成本过高，不具有可操作性。

遗传资源专有权的客体对遗传资源专利权的内容具有决定作用。为了将遗传资源专有权人的支配权限制在合理范围，我们在进行客体制度设计时，除了对遗传资源信息的本质认识之外，还必须将遗传资源限制在与原始生物载体不可脱离状态的认识之上，但客体绝不包括生物载体本身。

（三）遗传资源和传统知识的关系

在学术界，人们讨论遗传资源的保护问题时，会自然而然地与传统知识进行关联和比较。这是因为遗传资源与传统知识具有依存关系，二者相伴相生、相辅相成。正是因为有特定功效的生物遗传资源的自然存在，人们才在实践中发现并传承利用这一资源的知识和技能，形成群体内共享的传统知识；反之，也正是因为人们秉持与自然和谐共存的理念而对生物资源采取原生态使用，一些遗传资源才没有从地球上消失而保存至今。[①] 从这一意义上说，将遗传资源的概念扩展及于传统知识，是

[①] 根据生物化学家 Norman Farnsworth 的统计，世界药品使用的 119 种植物性成分中，有 74% 是起源于传统植物医药知识。Graham Dutfield, TRIPs-Related Aspects of Traditional Knowledge, Spring, 2001, 33, Case W. Res. J. Int'l L. 233。

符合遗传资源发展和利用的实践的。从社会属性角度来看，这一做法也可以满足统一保护传统资源的价值需求。

但笔者认为，作为遗传资源专有权保护的客体，遗传资源不能与传统知识合并在一起使用，因为遗传资源和传统知识具有不同的属性和保护目标。具体来说，遗传资源是生物体内的生命信息，是非创造性的事物型信息；而传统知识是大脑产生的知识型信息，虽然因为不能满足现行知识产权制度中关于"新颖性"和"创造性"要求而不属于"正规"的智力成果，但仍然是"非正规"的智力成果，[1] 本质上具有创造性。此外，遗传资源涉及农业、医药等领域，其信息价值关乎一国的生物技术发展、粮食安全、国民健康等重大国计民生问题，因此，在这类资源上秉持国际社会普遍承认的主权观和民族发展自决权是十分必要的。我们当前亟待解决的问题是从制度架构上找寻保护这类资源的最强有力的办法，而遗传资源专有权的客体制度就是该制度架构中一个关键组成部分。但是传统知识的保护目标目前还存在较大争议，我国有学者对传统知识产权保护的主张提出批评，认为这种做法实际上是基于一种文化民族主义的狭隘做法，它忽略了传统文化交流的本质属性，也忽略了本民族在使用外国民族传统文化资源时的对等性。[2] 也有学者从促进文化交流的宗旨出发，主张对传统知识应只赋予精神权利的专有权利模式。[3] 虽然目前此类声音在大多数的传统知识财产权化保护的主张面前相对微弱[4]，但是它充分反映出传统知识与遗传资源的保护定位是有区别的，

---

[1] 丁丽瑛：《传统知识保护的权利设计与制度构建——以知识产权为中心》，法律出版社2009年版，第43—50页。

[2] 崔国斌：《传统知识的知识产权迷思》，载吴汉东主编《中国知识产权蓝皮书（2005—2006）》，北京大学出版社2007年版，第306—311页。

[3] 邓社民：《民间文学艺术专有权及其实现机制探析——兼评〈民间文学艺术作品著作权保护条例〉（征求意见稿）》，载《湖北省法学会民族法学研究会2016年学术研讨会暨换届大会论文集》。

[4] 目前我国理论界的大多数学者提出的是传统知识财产权化保护论，典型代表作有：严永和：《论传统知识的知识产权保护》，法律出版社2006年版；管育鹰：《知识产权视野中的民间文艺保护》，法律出版社2006年版；张耕：《民间文学艺术的知识产权保护研究》，法律出版社2007年版；黄玉烨：《民间文学艺术的法律保护》，知识产权出版社2008年版等。

因此，将二者合并到同一客体制度也显然是不合适的。

基于前文客体制度对遗传资源持有人信息评估成本影响的分析，当交易对象是无形的信息时，建立针对信息属性的客体制度对最大程度降低遗传资源交易的协商成本非常必要。遗传资源专有权的客体既不同于有形的生物资源，也不同于无形的智力成果，更不包含传统知识。它是一种无形的自然信息，而且是一种处于与其生物载体不可分离、未经人工干预状态的生命物质信息。

二 遗传资源专有权的权利类型

根据民法基本理论，权利客体的属性决定权利本体的形态。上述对遗传资源专有权客体属性的考察，表明无论是有形财产权，还是知识产权，对遗传资源的私权保护都是无能为力的。

作为一种新设的权利，遗传资源专有权在理论体系上应该归属于何种权利类型？笔者在导论中总结了学界的两种主要观点：知识产权说和特别权利说。知识产权说又有两种做法，一是知识产权的直接适用；二是知识产权改造后的适用（具体观点见导论中的"研究现状"）。

笔者不赞同把遗传资源专有权纳入知识产权体系的观点，如上文所述，遗传资源是与知识产权客体根本不同的概念。遗传资源专有权具有两大鲜明的特征：

第一，主体具有复合性。遗传资源专有权不是属于个人的权利，而是集体权利，甚至是代际权利，表现为特定的自然人群体共同享有的支配权。因此，遗传资源专有权的行使需要复合型主体的一致同意并进行利益分享。

第二，客体具有本源性、非创造性、物质性。遗传资源是现代生物科学技术的产生和应用的基础，遗传资源的唯一性价值与每一项生物创造之间是一种本源性和依赖性的对应关系。遗传资源为发明提供了技术涵养，但其本身区别于专利权意义上的发明。

基于上述不同，笔者赞同特别权利说。倘若将客体完全相异的遗传资源专有权归入知识产权制度，这种做法不仅不能清晰、准确地界定遗传资源专有权本身，还将动摇知识产权制度大厦的根基，得不偿失。整体来看，遗传资源专有权与知识产权不同，但又与知识产权密切联系，且具有与知识产权相同的某些特征，所以妥适的做法是在权利形态上将遗传资源专有权作为知识产权的特别权利。

三　遗传资源专有权的概念辨析

基于客体方面的分析，遗传资源专有权的概念又向前迈进了一步，即是指传统部族或社区对所持有的生物资源内部具有遗传功能作用、未经现代技术干预且未脱离生物载体的生命物质信息享有的支配权。

除此以外，遗传资源作为一种客体范畴，其权利概念不仅要从内部财产属性上进行界定，还要从外部与其他相关财产权概念的比较上进行界定，更要从财产权体系的角度来认清其所处的位置，从而形成完整的概念认识。

（一）遗传资源专有权与生物材料所有权的区别

生物材料的所有权产生的时间较早，大多数国家的法律中都有对生物资源实体的权属规定。根据民法物权的一般理论，作为一般有体物的生物材料，权利主体对该生物资源实体享有占有、使用、收益和处分的权利。

遗传资源专有权是正在进行理论创设的新型权利，其客体是区别于有体物的无形信息，因此与生物材料所有权有着本质的不同。主体拥有某特定生物材料的所有权，并不意味着他同时享有该生物遗传资源的专有权。例如，某人通过在市场上购买获得一株植物的生物材料所有权，但如果没有遗传资源专有权的话，他仍然无权将该植物的基因提取出来开发新产品。

（二）遗传资源专有权与基因专利权、植物新品种权的区别

根据是否进行科研开发和商业利用，遗传资源形态可分为两种：一种是天然状态、不可与其物质载体分离、没有介入人类智力劳动的遗传资源；另一种是脱离天然状态、在人类智力劳动的干预下可与其物质载体分离的遗传资源。从权属界定上说，前者属于正在创设的遗传资源专有权范畴，后者则属于已有的知识产权范畴，包括基因专利权和植物新品种权。

基因专利权是针对现代生物 DNA 技术而生成的权利概念，植物新品种权是针对传统育种繁殖技术而生成的权利概念。具体而言，植物新品种权早于基因专利权的出现，原因是传统育种繁殖技术早于现代基因 DNA 技术诞生。植物新品种权的诞生源于对育种人利用杂交方式培育出植物新品种贡献的保护，同时也是为了通过这种专有权激励机制来奖励创新，鼓励更多的人投身到育种创造活动。例如，我国《植物新品种保护条例》第 6 条规定，完成育种的个人或单位对品种享有排他性的专有权。任何单位或者个人未经品种权人许可，不得为商业目的生产或销售该授权品种的繁殖材料，不得为商业目的将该授权品种的繁殖材料重复使用于生长另一品种的繁殖材料。

在植物新品种权出现之前，遗传资源的持有人只能通过物理方式来阻止物种的非法利用，例如某国在赠予他国珍稀动物时先给动物做节育手术。植物新品种权出现后，权利人对物种的控制就可以借助法律的途径了，育种人对其授权品种享有排他性的独占权，任何人未经授权以商业目的实施的生产、转让该生物繁殖材料的行为都属于侵权行为。现代基因 DNA 技术的出现，将遗传功能信息的利用和保护又向前推进了一大步。科学家可以通过技术复制遗传功能信息并记录在其他载体上，不需要再使用原生物的遗传资源。从这一意义上说，遗传资源专有权可以和其衍生品的基因专利权分离开来。

基因专利权和植物新品种权都是人类对生物自然特性进行干涉和控制的结果，都是以人类智力劳动为基础形成的权利，两者区别仅在于前项权利人从基因的角度较之从生物学繁殖的角度，对生物特性的控制可能更加精确和稳定，权利适用的范围也可能更广泛。

遗传资源专有权与基因专利权、植物新品种权之间既有联系又有区别。联系主要表现为遗传资源专有权保护的客体虽然不是智力成果，但也具有无形性，因此遗传资源的保护方式在一定程度上可以借鉴知识产权规则。二者的区别主要包括：第一，就客体而言，前者是以天然的、未经人类技术干预的遗传功能信息为客体；后者是以人为的、智力劳动成果为客体。第二，就制度目的而言，前者是以为传统部族、发展中国家分享经济利益提供法律依据为目的；后者是以鼓励创新从而推动科技发展为目的。第三，就产业链而言，前者处于遗传资源商业利用的上游，是开发利用的合法源头；后者处于遗传资源商业利用的下游，是开发利用的法律保护形式。

上述内容用结构图表示如下：

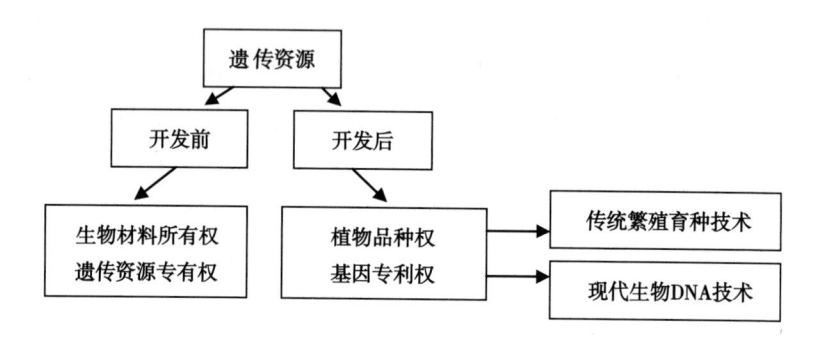

```
                    遗传资源
                   ↙      ↘
                开发前    开发后
                  ↓         ↓
            生物材料所有权  植物品种权  →  传统繁殖育种技术
            遗传资源专有权  基因专利权  →  现代生物DNA技术
```

第三节 遗传资源专有权的主体

一 以"社区"作为遗传资源专有权主体

对于遗传资源持有者的权利主体地位，CBD并无明文规定，只在涉及土著和本地社区法律地位的条款中规定，各成员国应尊重土著和地方社区与生物多样性相关的传统生活方式，并且保护他们分享由此产生的惠益。[①] 2010年CBD《名古屋议定书》再次强调各缔约方应采取立法、行政和政策措施来确保土著和地方社区能公平分享遗传资源利用而带来的惠益。[②] 可见，遗传资源的权益属于谁，最终的决定权在于主权国家。主权国家可根据遗传资源的分布和持有情况，通过立法划定个人所有、社区所有或国家所有。

1. 国家所有。规定遗传资源属于国家所有的多属于采用单一的公法管制模式的国家，如印度、乌干达、埃及、马来西亚等。其中以2002年印度《生物多样性法》为典型，该法涉及"生物多样性的获取管制"

---

① 参见《生物多样性公约》第8条。
② 参见《名古屋议定书》第4条。

的条款明确规定"任何人未经国家生物多样性总局事先批准""不得获取印度境内的任何生物资源或相关知识",也"不得就产生的任何发明、以任何名义在印度国内外申请知识产权"。作为世界上生物多样性最为丰富的12个国家之一,近些年来,在印度国内发生多起生物掠夺和剽窃事件。正是在这一背景下,印度采取了十分严格的管制立场,由国家成立专门机构与交易对方谈判,全权负责遗传资源交易的定价和收益,以及后续的惠益分享。

2. 社区所有。大部分生物资源丰富的发展中国家,对遗传资源专有权采用社区所有模式,并冠以"传统资源权""集体知识产权"等称谓,以表明该资源与社区或部落的内在联系。例如,1998年哥斯达黎加《生物多样性法》第82条规定:"国家明确承认和保护土著人和地方社区对于生物多样性组成部分的利用及相关知识在知识、实践、创新方面的权利,即专门的社区知识权";1998年孟加拉《生物多样性与社区知识保护法》(Biodiversity and Community Knowledge Protection Act of Bangladesh,1998)第8条规定:"本法的任何规定不得阻碍孟加拉境内的任何其他社区(或多个社区)通过适当的法律程序建立其对生物资源和/或创新的权利";2002年秘鲁《关于建立土著人生物资源集体知识保护制度的法律》(Law Introducing A Protection Regime for the Collective Knowledge of Indigenous Peoples Derived from Biological Resources)第10条规定:"受本制度保护的知识是属于土著人、而非属于土著人中个别人的知识。它也可以属于两个或更多群落的土著人",等等。当然,这些国家在遗传资源的保存和保护上也采用公法管控手段,但都确立了遗传资源的私权主体,作为遗传资源惠益分享的对象。

3. 个人所有。这种所有权模式在发展中国家并不多见,主要体现在发达国家的立法中。例如澳大利亚昆士兰州《2004年生物开发法》(Bio-discovery Act of Queensland,2004),规定"私有土地主和土著人对控制获取生物资源享有一定的权利"[1]。德国适用物权法对遗传资源进行

---

[1] 秦天宝:《遗传资源获取与惠益分享的法律问题研究》,武汉大学出版社2006年版,第179页。

管理，规定饲养动物或种植植物及遗传资源都属于其所有人，野生动植物适用先占规定，由占有者享有所有权。① 美国法律按照土地所有权的公有和私有类型区别对待附着其上的生物资源问题。私有土地上的遗传资源处分和利益分享问题，如果不涉及濒危物种，政府一般很少介入，而是交由私有土地主自主决定。② 采用个人所有权的这些国家，在遗传资源交易上主要推崇合同模式，由当事人自主协商决定。

实践层面各国的做法各异，从学理层面来看，也存在国家所有权③、社区所有权④、复合式所有权⑤等意见分歧，这使得遗传资源专有权主体制度成为学术研究的重点和难点。

笔者认为，国家所有模式对于人口较少或民族单一、文化相对闭合的国家有现实意义，或者作为一种难以破解"集体所有迷思"的应对办法，可权宜使用。但"国家所有模式"有几个明显弊端：首先，难以在理论上找到"国家"成为权利主体的周延注脚。国家是个抽象主体，对于为什么能够当然成为由地方群体通过自身劳动创造的资源财富的所有权人，缺少正当性基础。

其次，"国家所有权"模式无法照顾到各族群的实际情况和现实需要，容易出现官僚作风、效率低下、权力寻租等弊端。在一个分工日趋精密的社会里，社会知识的分散性和复杂性，意味着无论是政府还是个人，都是"有限理性"，不能笼统地认为政府在信息成本上一定比私人具有优势。⑥

---

① 罗晓霞：《遗传资源保护的立法模式探讨》，《河北法学》2011年第9期。
② 秦天宝：《遗传资源获取与惠益分享的法律问题研究》，武汉大学出版社2006年版，第226—227页。
③ 罗晓霞：《遗传资源保护路径选择的理论基础》，《南京农业大学学报》（社会科学版）2011年第11期。
④ 刘旭霞、胡小伟：《我国农业植物遗传资源权利保护分析》，《江淮论坛》2009年第6期。
⑤ 张海燕：《遗传资源权权利主体的分析——基于遗传资源权复合式权利主体的构想》，《政治与法律》2011年第2期。
⑥ 熊琦：《著作权激励机制的法律构造》，中国人民大学出版社2011年版，第127页。

再次，遗传资源归国家所有的做法难以激发传统部族或社区保护遗传资源的动力，不利于遗传资源的切实保护和利用。由于遗传资源问题的提出肇始于国际事务争端的解决，即公平公正处理遗传资源丰富的发展中国家与生物技术先进的发达国家围绕遗传资源的利益博弈问题。受其语境的限制，学术视角通常集中在国别上，认为国家所有权模式是抵御外国公司对本国"生物剽窃"的最佳途径。但这种研究视角却忽视了在一国之内也存在"生物剽窃"问题，忽略了部族社区与当地政府、科研机构、企业之间的复杂利益关系。从我国目前的遗传资源利用现状来看，科研机构和企业都能够从中受益，唯独保有丰富遗传资源的少数民族地区却难以从中受益，甚至还存在少数民族的遗传资源权益被当地政府、科研机构和企业损害的问题。比如，灯台树、灯盏花是我国滇南少数民族世代相传的治病良药，但在被当地企业成功地进行商业开发，成为治疗咳嗽、心脑血管疾病的特效药后，当地少数民族作为信息提供人并未因贡献了关键的植物资源和传统知识而得到回报。[1] 再如，云南独龙族农户对当地畜牧局或外来企业索要独龙鸡的要求有求必应，毫无保留地提供种源和相关传统知识，但没有实质地分享利益，仍处于极度贫困状态。[2]

最后，单一的国家所有权模式看似可以减少交易对象、节约成本，但实际上则不然。由于生物材料所有权一般是由私人享有，这也意味着私人实际掌控遗传资源的利用权益。国家专有遗传资源，会在实践中带来遗传资源利用人为获取遗传资源而不得不进行双重谈判——不仅要经过国家的同意，还要经过生物材料所有权人的同意。（理论上说，国家在这里参加谈判的资格是私权上的主体身份。）当然，不可否认的是，从保护国家利益和社会公共利益的角度出发，国家不仅有权而且必须对遗传资源的获取和利用、保存和保护进行全面的监管，但这属于公法管理层面的问题，并非私权保护问题，这个问题将在本文第六章论述。

---

[1] 李立：《非物质文化遗产应披知产保护铠甲》，《法制日报》2008年11月26日。
[2] 薛达元主编：《民族地区遗传资源获取与惠益分享案例研究》，中国环境科学出版社2009年版，第69页。

"复合式所有权"模式主张在遗传资源控制上国家、社区和个人分级承担。从交易成本角度分析，该模式会造成横亘在利用者面前的谈判主体增多，徒增成本，也不可取。因此遗传资源专有权的权利主体应该是传统部族或当地社区。"社区所有权"不仅符合洛克的劳动论，从经济学角度也能为从事遗传资源生产和实践的群体提供激励，落实遗传资源对于民族地区或地方社区财富增长的功能。

二 社区主体权利的集体代表人行使机制

　　遗传资源专有权制度设计不仅要回答"为谁保护遗传资源"的问题，还需要解决"由谁来行使权利"的问题。"社区所有"虽然具有合理性，但作为一种集体所有权模式，自身存在无法克服的群体松散、边界模糊的缺陷。首先，由于遗传资源是基于土著部族或传统社区的数十代人集体智慧和实践而产生，时间跨度大、涉及人数众多，甚至会出现代际权利主体；其次，遗传资源在地域分布上存在交叉情形，很难界定清楚遗传资源实际持有者的范围。因此，从本质上说，"社区"作为主体，仅是一个抽象性的概念，其操作需要借助其他途径。

　　实践中，为了降低社区边界模糊带来的高搜寻成本，采用以社区为权利主体的国家大都规定了该权利的代表人行使机制，如菲律宾法律规定土著人可以就遗传资源或其他传统知识商业利用组建独立的管委会，[1]秘鲁法律规定土著人应由具有土著人机构传统形式的代表机构加以代表，[2]等等。

　　集体代表人制度对降低权利行使的成本，提高权利的运行效率到底作用如何？囿于资料原因，笔者难以从施行这种做法的各国案例中进行检验。但是笔者认为，著作权集体管理制度对此具有参考意义。作为法经济学发源地的西方发达国家，出于自身利益的考虑在遗传资源权益设计上反对产权安排，将交易成本理论运用于遗传资源权利保护的立法实践少之又少、几无可寻。但是作为代表西方政治文化传统的知识产权制

---

[1] 秦天宝：《国际与外国遗传资源法选编》，法律出版社2005年版，第361页。
[2] 同上书，第373页。

度，交易成本分析工具已经使用得炉火纯青。基于遗传资源专有权与知识产权在客体上都具有无形性以及消费上的非排他性等特点，在一定意义上两者的产权制度安排具有相似性。因此，笔者主要借鉴西方著作权集体管理制度进行论证。

为降低交易成本，借用集体组织形式来解决权利主体人数众多、权利如何行使的问题，在西方知识产权制度上早已使用。例如，在著作权领域，集体管理组织是一个将众多著作权人的权利集合起来加以行使的机构，其目的在于借用集体管理的方式来提高权利使用的效率。集体管理组织使权利人之间在作品的使用和交易方面形成了一种长期稳定的合作关系，克服了个别交易所带来的高昂成本。以美国"作曲家、作家和出版商协会"为例，在其诞生之初，该协会就被视为一个分担集体诉讼成本、实现组织优势的机构。协会通过集体管理的高效率和强势地位，发起一系列诉讼为众多著作权人争取到了在酒吧、电影院、广播电台等公开表演场合使用作品的收益权利，这无疑是个别权利人无法实现的成就。其中最著名的案例就是 1917 年 Herbert v. Shanley 一案，通过该协会的努力，迫使法官作出即使餐厅未单独向顾客收取欣赏音乐的费用，但餐厅播放背景音乐的行为仍应向作者付酬的判决。[①] 目前，各国著作权法都规定了著作权集体管理制度，以促进作品的利用。

笔者认为，借鉴上述西方运用著作权集体管理制度的经验，在设立遗传资源社区所有的模式下，我们可以采用集体代表人行使机制，规定社区所有权的行使机构为某一组织机构。在选择该机构形式上，应以包括协会、合作社等在内的非政府组织为最佳。非政府组织，既可以避免政府组织权力行使的"僵硬化""官僚主义"等弊端，又可以避免企业组织"经济人理性"的利润偏好对原权利人的不良影响。该组织一方面作为生产经营者的自治性组织，会更主动和更积极地维护协会成员的利益；另一方面作为政府与生产经营者之间的纽带，能助推政府监管与市场自治之间的良性互动。

[①] 参见熊琦《著作权激励机制的法律构造》，中国人民大学出版社 2011 年版，第 138—139 页。

三 社区主体理论与现行民事主体立法的对接

遗传资源专有权作为一个概念，虽然与生物材料所有权分离开了，但是遗传资源专有的主体是否也应该与生物材料所有权的主体分离开呢？理论上说，是应该的。如前所述，遗传资源作为无形的信息资源，其占有是可以与生物材料的占有相分离的，所以遗传资源专有权的归属也可以与生物材料的占有相分离。换句话说，遗传资源专有权的主体界定完全不用考虑其生物材料的所有权主体是谁。

不过，这种理论在实际操作中会遇到现实的挑战。由于遗传资源专有权是一个新设的概念，各国立法体系中一般都没有这个概念，更不可能为这个概念及其相关制度事先预留好"位置"。所以在立法实践中，都不会考虑遗传资源专有权主体制度与现有的有形资源权利主体制度的衔接问题。于是，这种做法会带来三个明显的弊端：一是徒增立法成本，不经济；二是脱离遗传资源控制的现实情况，不可行；三是架空生物材料所有权的价值，不合理。

具体来说，从前述遗传资源专有权与生物材料所有权的辨析可以看出，遗传资源权益实际上是作为其载体的生物繁殖材料权益内涵的扩充。二者在权利性质上虽可以分割，但主体应该统一。如果主体不统一，那么科学家在不使用生物的繁殖材料而开发出同样特性的生物产品时，就无法通过生物材料所有权主体的确定，按图索骥找到原遗传资源的持有人。此时再来谈传统部族或其所在的国家作为遗传资源专有权的主体分享惠益显然是一句空话。另外，如果主体不统一，那么即使立法明确规定遗传资源的获取和利用只需要与该资源的权利人协商谈判，但事实上利用人将面临与生物材料所有权人和遗传资源专有权人双重谈判的结果，徒增交易成本。原因是，遗传资源在现实中通常是由其生物资源材料的所有权人实际掌控，特别是在原生环境使用的情况下，这种情形普遍存在。此外，主体不统一会导致立法者就同一资源对象设立两套不同的法律主体规则，不仅造成立法重复，而且带来司法资源的浪费。

综合以上情况考虑，笔者认为，在立法上，生物材料所有权与遗传资源专有权必须归属于同一主体。这种做法能产生以下两点积极效应：

一来直接适用现有制度，可以节约立法成本；二来不突破现有的民事主体制度的表述框架，可以保障立法体系的协同性、和谐性。一些中外学者都持有这种观点，认为虽然理论上大家承认遗传资源不同于其物质实体，应有独立的法律地位，但目前还没有一个国家为这种分类创造一个财产权体系，仍然是依靠遗传资源的有机体来定义其法律定位。[1] 张小勇教授也认为根据目前我国关于生物资源权属的规定，从法律逻辑上推定该生物资源所包含的遗传资源的相应权属也是可以成立的。[2] 另外，在类似的传统知识主体制度立法上，有学者也表达了相同的看法。[3]

需要说明的一点是，上述学者的基本观点都是主张遗传资源保护在立法上适用现有生物资源类法律的主体制度，这点笔者也持赞同态度。但是，遗传资源上直接援引生物资源的个人所有模式值得商榷。如前文提及的生物材料所有权与遗传资源专有权的比较，二者既有联系又有区别，其中一个很重要的区别就是战略地位的不同。遗传资源价值巨大，关系国计民生，适用纯粹的个人所有模式容易产生机会主义，损害国家和公共利益。因此个人不适宜作为遗传资源的主体。生物资源主体制度可以适用遗传资源保护，但不宜绝对或机械地适用。

从实践层面来看，已有很多国家采取了遗传资源保护与现行资源类法律在主体制度上进行对接的做法，分为两种模式，一种是国家所有模式，另一种是私人所有模式。

国家所有模式，是指由于本国立法规定生物资源属于国有，则包含在生物资源之内的遗传资源也属于国有。例如，安第斯共同体《关于遗传资源获取共同制度的第391号决议》第6条第1款规定"原产于成员国的任何遗传资源及其衍生物，都属于该成员国国家或人民的财产或遗产，由各自的国内法加以规定"，同时，该条第2款明确指出这些立法"不影响适用于包含这些生物资源、其所位于的财产或相关无形成分的

---

[1] 卡里佐萨：《生物多样性获取与惠益分享》，薛达元等译，中国环境科学出版社2006年版，第25页。

[2] 张小勇：《我国遗传资源的获取和惠益分享立法研究》，《法律科学》2007年第1期。

[3] 丁丽瑛：《传统知识保护的权利设计与制度构建——以知识产权为中心》，法律出版社2009年版，第313—314页。

所有权制度",① 换句话说，遗传资源立法应该与生物资源立法在主体上应该保持统一。

私人所有模式，是指由于本国立法规定生物资源属于私人所有，则包含在生物资源之内的遗传资源也属于该私人所有。这种模式又具体分为两种类型：一种是遗传资源属于生物资源材料所有权人所有，国家无特别管制；另一种是遗传资源属于生物资源材料所有权人所有，国家有特别管制。美国属于前者的代表，巴西、秘鲁、哥斯达黎加属于后者的典型。巴西《保护生物多样性和遗传资源暂行条例》第16条第9款第3项规定，当遗传资源的获取发生在私有土地时，应征得土地主的同意。第27条以"遗传资源利用与惠益分享合同"条款进一步确认了私人土地主对遗传资源享有的权益。尤其值得一提的是，该法第7条特别指出其规定项下的"遗传资源"定义，"除了遵照《生物多样性公约》的概念和标准定义"以外，"为了本暂行条例的目的"还具有不同的涵义，即遗传资源包括生物体所有的实体部分和无形信息部分。从遗传资源本质来看，这个定义似乎有逻辑上的瑕疵。不过，笔者认为，结合上述第16条和第27条的规定，这种定义的合理性可以解释为立法者为使遗传资源主体更能明显地与生物资源主体的法律安排相互呼应，而对遗传资源内涵进行扩充解释的对策选择。秘鲁和哥斯达黎加虽然都是安第斯共同体的成员国，却没有完全遵照上述《第391号决议》对遗传资源采取国家所有的做法。其中，哥斯达黎加名义上规定遗传资源属于国有资产，但实际上该资源的主体是生物资源材料所有权人，即适用私人所有模式。如哥斯达黎加《1998年生物多样性法》第82条规定，国家承认和保护土著人对生物多样性组成成分的利用及相关知识在实践、创新方面的权利。秘鲁同样尊重生物资源和遗传资源上土著人的权利，并以"集体"名义来命名这些权利。如秘鲁《1999年遗传资源获取管制法》第6条规定，土著居民有权决定生物资源和遗传资源的使用。该国《2002年关于建立土著人生物资源集体知识保护制度的法律》第10条则进一步指出，遗传资源及其传统知识属于土著人全体而非某个人。除

---

① 秦天宝：《国际与外国遗传资源法选编》，法律出版社2005年版，第88页。

此以外，巴西、秘鲁和哥斯达黎加还十分重视在遗传资源私人所有之外，辅以国家公权监管，均规定国家有权对遗传资源进行监督和管理，遗传资源的获取和利用需要经过国家的审批才能施行，惠益分享协议也需要经过国家有关部门的批准才能生效。[①]

综上所述，从学理上说，遗传资源专有权的主体制度应该首先创设"社区"概念，社区应以非政府组织为代表集体行使该权利。从立法体系上说，遗传资源专有权主体制度应与现有的生物资源主体制度进行同步对接，按照生物资源权属的规定对应适用（个人所有除外）。这种做法不仅具有理论上的适恰性，也具有现实中的可操作性，值得我国遗传资源保护立法借鉴和采用。（我国立法部分待第六章详细论述）

第四节　遗传资源专有权的内容和限制

一　遗传资源专有权的内容

（一）权利配置模式的选择

CBD虽然确立了遗传资源获取上的事先知情同意原则，但没有明确该原则的具体内容。遗传资源权益如何实现交由各国具体决定。从法理上看，权利的实现取决于权利的性质和作用力。权利的性质，主要是从权利内部的配置规则即财产规则和责任规则来考察；权利的作用力主要是从权利外部对相关权利的影响程度进行分析（作用力在第五章分析）。根据交易成本理论，权益保护的成本与权利的排他效力息息相关。而从法理的角度，财产权的排他效力取决于权利配置机制——财产规则和责任规则[②]。这样，为降低遗传资源专有权保护的成本，我们在设计实体性权利内容时应首先合理选择权利的配置规则。

财产规则，是指财产权的利用必须得到权利人的同意，未经允许而

[①] 参见巴西《保护生物多样性和遗传资源暂行条例》第10、11、29、31条等；秘鲁《1999年遗传资源获取管制法》第7、8、14、18条等；哥斯达黎加《1998年生物多样性法》第13、80、81条等。

[②] See Guido Calabresi & Douglas Melamed, Property Rules, Liability, and Inalienability: One View of the Cathedral, 85 Harv. L. Rev. 1089 (1972).

利用该财产权即构成侵权,俗称"先给钱再利用"。责任规则,是指虽然财产权的利用未征得权利人的事先同意,但相对人仍可以利用该权利,不过必须依法给予权利人以补偿,俗称"先利用再赔钱"。可见,财产规则坚持完整的权利排他性,强调以权利人的许可为权利行使的前提条件;而责任规则主张弱化排他性,旨在设立法定许可条件以维护财产的流通性。具体到遗传资源专有权,财产规则是指一切获取和利用遗传资源的行为都必须得到权利人的事前同意或授权才合法;责任规则是指使用人在事后进行权利人的补正同意或者以支付损害赔偿金的方式亦不违法。根据排他效力的区别,遗传资源专有权依据何种规则进行配置,直接影响到其权利作用力的大小,也直接影响到遗传资源交易成本的高低。

纵览各国关于遗传资源专有权实现机制的做法,生物资源丰富的发展中国家多采用财产规则,生物资源相对匮乏的发达国家多采用责任规则。例如,菲律宾在《土著人权利法》第34条规定"土著社区/土著人有权获得其对文化和知识权利的充分所有权、控制权和保护权的承认",以"充分"一词表明该权利绝对性的排他效力。再如,哥斯达黎加《生物多样性法》第88条"法定事先磋商"条款,强调遗传资源利用单位必须提供"事先知情同意书"。孟加拉1998年《生物多样性与社区知识保护法》第13条,也以类似的措辞强调"社区事先知情同意"的必要性,并指出"未经社区事先知情同意而收集样本的人,将被禁止获取任何孟加拉的生物与遗传资源"。巴西在规定遗传资源的社区权利时,直接以"阻止未经授权的第三方"条款来界定权利范围。秘鲁也通过"在为商业或工业应用目的而获取集体知识时,应签订许可协定"等规定来确立遗传资源财产权的绝对性排他效力。与此相反,美国就私人土地上遗传资源的使用没有详细规定事先许可或授权的必要条件,而是交由所有人和利用人自主协商决定。

从学理层面来看,部分学者认为,遗传资源的公共物品属性和促进人类社会进步的终极目的决定了保护遗传资源并非是赋予权利人以垄断地位而获取经济利益。为了降低交易成本,遗传资源专有权应该被确定为一种非排他性的财产权①,或有限制的财产权②,甚至有学者主张遗传资源"人类共同遗产原则"是明智的,因为它降低了在界定遗传资源产权时固有的交易成本,③ 权利人不应该排斥正当的资源开发活动,权利人只能就惠益分享主张相应的权利。④ 即使是主张将遗传资源专有权建立在激励机制上的学者,也认为在权利内容设置上应"弱化禁止权或许可权、强化收费权或利益分享权"⑤。由此看来,学术界对遗传资源专有权的配置模式多认为应采用责任规则。

表面上看,由政府确定交易价格的责任规则,比起建立在财产规则上的自由协商,省略了谈判环节,能够大大降低交易成本。但是实际上这种做法高估了责任规则对于降低遗传资源交易成本的实际作用。作为交易的客体,无形财产与有形财产不同,在消费上不具有竞争性和排他性,因此,政府无法根据潜在的使用者的数量来科学定价。同时,由于交易的定价由政府操作,定价的决策过程容易受到有关利益集团寻租行为的影响,这使得责任规则在法律规范上成为一时法律政策的产物。因为缺乏灵活性,反而把市场交易封闭在一个固定的限度内,难以符合市场的实际需求。正如有学者在论证物权法定原则的缺陷时所言:"立法者也许看到私法自治的某些盲点才径自介入,但实际交易的情况千变万化,法定物权的介入未必都能搔到痒处,碰到不符合需要时,交易者只

---

① 杨明:《浅析遗传资源权的制度构建》,《华中科技大学学报》(社会科学版) 2006 年第 1 期。

② See Jerome H. Reichman & Tracy Lewis, Using Liability Rules to Stimulate Local Innovation in Developing Countries: Application to Traditional Knowledge, in International Public Goods and Transfer of Technology Under a Globalized Intellectual Property Regime, Keith E. Maskus & Jerome H. Reichman eds., 337, (2005).

③ Bert Visser et al, Transaction Costs of Germplasm Exchange under Bilateral Agreements, Document No. GFAR/17-04-04, Global Forum on Agricultural Research, FAO, Rome, 2000.

④ 杨红朝:《遗传资源权视野下的我国农业遗传资源保护探究》,《法学杂志》2010 年第 2 期。

⑤ 丁丽瑛:《传统知识保护的权利设计与制度构建——以知识产权为中心》,法律出版社 2009 年版,第 79 页。

好再以自治方式排除干预,一去一来,当然也是成本。"①相反,财产规则赋予了权利人对客体的控制权,该控制力使权利归属的任何变化都要得到权利人的许可,保证了财产规则成为一种事前标准。这种事前标准的核心功能是节约权利人之间交易与合作的信息成本,使财产的法律边界以较低的信息成本为第三人所知。

  实践中,财产规则降低成本的作用在著作权运用上表现得尤为明显。著作权的客体与遗传资源专有权的客体都是无形的信息。从这个意义上,著作权上排他效力的运用结果在遗传资源专有权上可资借鉴。以美国音乐作品机械复制的定价为例,美国曾经排斥权利人自主议价的方式,采取政府定价的固定费率,并且不加变化地使用了近70年。然而,这一僵化的固定费率在实践和理论上遭到广泛诟病。为提高定价效率,1976年美国通过设立版税法庭来灵活裁定使用费率。②历史地观察美国著作权法的发展道路,从美国国会最初在著作权的自然权利属性上摇摆不定,到后期直至今日坚定地维护著作权完全财产属性,无不是基于功利主义的考虑。由于著作权客体缺乏物理边界,在日益繁多的交易环节,也的确出现过权利维护成本过高的问题,尤其是在互联网快速发展的今天,作品的使用变得更加便捷和频繁,诸多作品的形成需要更多依赖他人的在先作品以及集体合作行为来完成,著作权的排他性看似阻碍了信息的高效传播。然而,我们发现西方著作权法并没有因此以责任规则取代财产规则,反而有进一步加强维护著作权排他性之势。例如,自20世纪90年代以来,迅猛发展的数字技术使得著作权保护面临前所未有的挑战。大规模的私人复制行为严重损害了著作权人的经济利益。著作权人不得不借助于加密技术来保护自己的数字作品不被非法使用。但加密技术运用不久,各种解密技术便应运而生。为了避免因陷入技术比拼而无谓地消耗成本,著作权人强烈呼吁法律的介入。美国国会在1998年制定了《数字千禧年著作权法案》,将"规避行为"和"准备行为"

---

① 苏永钦:《寻找新民法》,北京大学出版社2014年版,第277页。
② 参见熊琦《著作权法定许可的误读与解读——简评〈著作权法〉第三次修改草案第46条》,《电子知识产权》2012年第4期。

都纳入到著作权人的控制范围之内。美国版权法第 106 条明确规定"版权作品的专有权"的范围几乎涵盖了数字技术条件下对作品的所有利用行为①。由此可见，无论使用者发起何种旨在抵制著作权排他性的自由软件运动或知识共享运动，都无法改变立法者在著作权权利配置上对财产规则的贯彻使用。这应当归因于立法者将收益—成本理论实际运用于数字技术版权立法的结果。

然而，反观遗传资源保护的发展道路，国际社会早在 1992 年就通过 CBD 出台了保护遗传资源、促进惠益分享的具体方案，但时至今日国际社会对保护遗传资源的积极性财产权利仍存在极大争议。究其原因，是发达国家担心积极性财产权会提高遗传资源所有权人的控制权能，增加遗传资源使用方的交易成本，使得自己在谈判中处于被动地位，所以推崇遗传资源的消极性权利。

基于以上对相似客体的著作权制度机理的考察，我们可以得出结论，从保护所有权人利益角度出发，财产规则在实际运用上较责任规则更能降低交易成本。就遗传资源权益的保护成本而言，"先利用再赔钱"或者由政府确定交易价格，看似比起"先给钱再利用"的自由协商省略了谈判环节，节约了成本。然而遗传资源的信息属性决定了一国政府根本无法准确预估实际使用者或使用国的数量，从而无法根据使用数量来科学定价，同时，该定价过程也容易受利益集团的影响，滋生额外的寻租成本。相反，赋予权利人绝对的所有权，不仅能使权利的边界以较低的信息成本为第三人所知，而且建立在意思自治基础上的谈判协商也能确保交易价格最真实反映市场行情，有利于合作的实现，并降低双方的合作成本。因此，为降低遗传资源权益的保护成本，遗传资源专有权的权利配置设计应采用财产规则，赋予权利人绝对的支配权。

（二）权利内容设计

根据遗传资源的特性，遗传资源专有权具有以下几个特征：一是遗

---

① 参见《十二国著作权法》翻译组译《十二国著作权法》，清华大学出版社 2011 年版，第 729 页。

传资源专有权不是最小单元的权利，而是在遗传资源专有权总的名义下各项权利的集合体。每一项权利都有自己的法定含义和界限。为适应一国生物技术的发展，该权利束在内部结构和功能上应预留一定的空间和预设一定的开放性。二是遗传资源专有权不是纯粹的实体权利，还包含了一定的程序权利。因为对于遗传资源提供国来说，让本国科研人员参与到遗传资源研发过程中，比单纯获取发达国家的相关技术更为重要，并且可以为将来争取共有知识产权的惠益分享方式提供可能性。从这个目的出发，我们在设计遗传资源专有权内容时，应适当考虑程序性权利的安排。

1. 程序性权利

参与权。参与权是指遗传资源专有权人有权参与遗传资源的研发活动。参与权是怎么来的？对这个问题的思考可以诠释参与权确立的必要性和现实意义。

参与权的设计初衷，需要追溯到对遗传资源提供者能否以及怎样成为知识产权共有人来分享惠益问题的思考。

首先，遗传资源提供人能否基于其提供遗传资源的行为而与发明人一起共同成为知识产权人？有学者给出了肯定的答案，认为基于遗传资源对现代基因技术的基础性作用，遗传资源提供者与职务发明中单位的角色一样，为发明人提供了必不可少的、起决定性作用的物质条件，因此遗传资源提供人应该和单位一样作为知识产权人来分享惠益。

笔者认为该理由不无存疑。虽然基于遗传资源物质条件的作用，职务发明原理有一定的适用余地，但总体来说，不能完全适用。立法者设计职务发明制度的初衷，是考虑发明人与所在单位的内在牵连关系而进行的利益平衡。所以在适用职务发明原理时，这种牵连关系必不可少。这种牵连关系不仅表现为单位为发明人提供主要的物质技术条件，还表现为单位在作为其职工或雇员的发明人进行发明创造前、发明创造中的主导和决定作用。具体到遗传资源的研发实践中，这种牵连关系只部分存在。但遗传资源提供者尤其是其所在国与遗传资源利用者之间的主导关系在现实中是不可能存在的。相反，生物剽窃的实例告诉我们遗传资源持有人和其所在国在遗传资源商业利用中常常处于被动状态，根本不可能对跨国公司和他国科研机构产生主导甚至控制的作用。因此，我们不能完全照搬职务发明原理来理解遗传资源提供行为在相关发明中的作用，也不能以此为基础来设计遗传资源的惠益分享制度。

其次，知识产权共有对于遗传资源所在国具有重大意义，能否通过其他途径实现？

由于遗传资源巨大的经济价值和战略价值，遗传资源的保护和可持续利用离不开国家的管理和资金、政策支持，国家在遗传资源交易和研发、利用过程中的角色不可或缺，因此在遗传资源研发实践中，立法者应通过制度设计来确认和促进本国相关群体和研究人员、研究机构的参与权利，以保障本国能实质性地参与研发工作，并在合作协议中约定研究成果的知识产权分享权益。如果本国相关群体和研究者在遗传资源研发活动中实质性地投入了智力劳动，那么相关群体和研究者提出作为共同的知识产权人分享惠益的要求就是顺理成章的事情了。为了保障这种权利，我们在源头上就应该为相关群体和研究者参与遗传资源的研发提供制度安排。因此，从本质上说，参与权的设计是基于公共政策的需要而产生的权利，其目的是为遗传资源专有权人成为共有知识产权人创造条件，从而最大限度保护遗传资源持有人和所在国的利益。

需要说明的是，参与权从主体上来说，包括遗传资源专有权人和遗传资源所在国；从组织形式上说，包括合作社、协会、科研单位等。多元主体的参与权可以并行，但不能混同[①]：前者是基于私权保护的需求，后者是基于公权管理的安排。一旦权利受到侵害，两者的救济机制也是完全不同的。另外，由于作为遗传资源权利主体的传统族群或社区往往不具备科研能力和经济实力，无法实质性参加到遗传资源相关衍生技术

---

① 有学者在阐述参与权时，虽然提到参与的主体和形式包括农业合作社、国家管理保存机构、高等科研院所、公司企业及个人等，但对这些主体没有进行分类，亦没有指出其公权和私权区分，就统一归入私权范畴下的遗传资源权利内容，是不合适的。参见刘旭霞、张亚同《论农业遗传资源权的保护》，《知识产权》2016年第8期。

或产品的研发活动中,所以将该参与权委托给专业机构代为行使很有必要,否则该参与权在实践中将流于形式,难以产生实际效果。

2. 实体性权利

来自WIPO的调查结果表明,遗传资源持有人和其利益代表组织对遗传资源保护的需要和期望,被概括为三种权利类型:一是控制披露和使用的权利;二是商业获利的权利;三是获得承认归属的权利。对此,学术界主要形成以下几种对遗传资源专有权的表述。有的认为"农民权"应当包括留种权以及交换或出售种子的权利,资源提供者还享有复制其所提供的资源样本的权利,而开发者则负有揭示遗传资源来源的义务以及揭示获得知情同意的义务;[1] 有的认为,遗传资源权利人享有的权利包括精神权利和财产权利两个方面,前者是指为符合WIPO强调的"促进尊重"之政策目标,要求遗传资源使用人公开遗传资源来源的权利,后者有排除权、取得报酬权、防止盗用权、保存样本权和技术成果许可转让权等;[2] 也有学者认为,国家享有主权和所有权以及由此衍生的规则制定权、知情同意权,出于对社区共同意志和集体荣誉感的尊重,社区享有标示来源权,个人作为利益相关者则享有利益分享权;[3] 还有学者认为,遗传资源专有权人享有知情同意权和惠益分享权。[4]

上述观点使用的权利称谓虽有不同,但权利内容的核心基本一致。不过,笔者认为这几种观点均存在一些不足:

第一种观点未能完全突破物权思维的桎梏。农民的留种权,是属于对遗传资源作为一般性的作物繁殖材料而进行的生产资料属性上的使用,该使用应归结到生物材料所有权的范畴,而非以无形信息为核心的遗传资源专有权范畴。

---

[1] 杨明:《浅析遗传资源权的制度构建》,《华中科技大学学报》(社会科学版)2006年第1期。

[2] 詹映、朱学忠:《国际法视野下的农民权问题初探》,《法学》2003年第8期。

[3] 严永和:《遗传资源财产权演进的历史逻辑》,《甘肃政法学院学报》2013年第1期。

[4] 刘旭霞、张亚同:《论农业遗传资源权的保护》,《知识产权》2016年第8期。

第二种观点看似很有体系（精神权利和财产权利的分类），但事实上不符合遗传资源专有权设立的要义。遗传资源专有权创设的目的是为了给传统部族或社区分享利益提供法律依据，这种利益分享必须以权利人对利用行为的知情为前提，而知情又以利用人揭示遗传资源的来源为必要条件，所以说到底来源揭示义务或要求揭示来源的权利都不纯粹是为了承认归属、满足精神上被尊重的要求，更重要的目的还是为了分享商业使用产生的惠益。因此，遗传资源作为财产范畴，其权利应只包含经济上的权利，精神上的权利对其意义不大。另外，技术成果转让许可权应属于遗传资源衍生成果的专利权内容，将其作为遗传资源专有权内容不太符合法理，也不太可能实现（考虑遗传资源专有权人与专利权人的实力对比），所以应该摒弃。

最后两种观点对遗传资源专有权内容的概括也不够科学。具体来说，将知情同意权划归为国家所有，社区只保留其他权利做法不符合私权理念。倘若私人对自己所有的财产不享有知情同意类的处分权能，岂能算作是私权？当然，国家对遗传资源也应该享有类似知情同意的处分资格，但这是由公权管制带来的权力问题，不属于私权范畴。"标示来源权"的称谓亦不妥当，标示来源只是利用人的义务，对应的是遗传资源持有人知情权的实现，实际进行来源标示的是利用人而非持有人，因此不能将其称为是遗传资源持有人的权利。此外，将遗传资源专有权分为知情同意权和惠益分享权两项内容的做法虽简单直接，清晰明了，但知情权和同意权分别有不同的指向和含义，故作为两项权利更好。

基于以上考虑，笔者将遗传资源专有权内容的实体性权利概括为知情权、样本提取权、初始复制权和惠益分享权。

（1）知情权。知情权是指遗传资源专有权人有权对遗传资源的使用情况进行知晓、了解的权利，包括有权知晓依赖遗传资源完成的技术成果中申请者的身份信息；遗传资源的来源地、获取途径；使用遗传资源的目的、性质、用途；使用的种类和数量；后续惠益分享的安排和保障；以及对当地生态环境造成的影响评估情况等。它主要对应的是遗传资源使用人负有履行标示遗传资源来源地的义务。

（2）样本提取权。样本提取权是指遗传资源专有权人享有对蕴含遗传资源的生物材料样本通过科学手段进行提取和保存的权利。作为生物研发的起始阶段，研发者必须首先接触到生物材料，才能通过检测、破译等手段获得遗传功能信息。实践中，研发者对生物材料获取的数量需求很小，通常只要几粒种子或某生物组织、细胞、血液、器官、DNA等少量生物样本即可，具有很强的隐蔽性。许多发达国家和跨国公司以冠冕堂皇的"移地保护"名义，借助基因库的形式大量收集遗传资源，而目前CBD并没有明确规定遗传资源主权的追索性，这样研发人就可以绕过遗传资源来源国直接从基因库获取样本。因此，为了控制遗传资源的占有和使用，必须首先从源头上切断非权利人对该任何遗传资源物质载体的接触机会，在法律上规定样本提取权为遗传资源专有权人所专有，任何人未经该权利人的同意提取样本的行为均构成侵权行为。

（3）初始复制权。初始复制权是指遗传资源专有权人享有从生物材料中原始取得遗传信息的权利。生物研发中，遗传资源内部的遗传信息，即脱氧核糖核酸的碱基序列代码，在从生物材料中被提取后可以记录和复制到其他载体上，如同文字作品被复制到其他载体上一样，可以继续存在。一旦遗传信息被记录在其他载体后，其他研发者可以无须再通过接触生物材料而转为直接通过复制该遗传信息来继续使用。但此时遗传信息已经不是自然状态下的生命信息，而成为人类智力劳动干预的对象。首次复制后的遗传信息作为一种生命物质，其天然属性并没有改变，但已从遗传资源专有权的客体而转化为知识产权的客体[①]。也就是说，划分这种转变的分水岭是以遗传信息初始离开生物材料，被复制到

---

① 在专利法发展史上，遗传信息即基因信息作为一种生命有机体内的自然信息成为专利的主题，得益于美国判例法上的一些经典判决。其中一个具有里程碑式意义的判决来自于1980年Diamond v. Chakarabarty案件。该案中，美国专利商标局曾以细菌为活性生物是天然产品为由驳回了原告对该菌种本身的专利申请。但是，美国联邦最高法院认为，提纯菌种属于具有特殊名称、性质和实际用途的人类创造力带来的产物，应基于对创造的鼓励而授予专利权。这一判例确立了美国专利法对基因的专利授权。

其他载体为界限。初始复制权的设立，即是为了与这种转变保持一致，同时也是为了合理限制遗传资源专有权人的控制范围，避免其在遗传资源利用环节中的无限扩张而给后来的遗传信息复制者带来高昂的成本。据此，遗传资源专有权人只能控制他人首次从生物材料样本中提取和复制遗传信息的行为，对之后的不依赖于生物材料样本的复制行为则不再享有控制的权利。

（4）惠益分享权。惠益分享权是指遗传资源专有权人有权分享依赖遗传资源完成的技术成果所带来的商业利益和其他利益。惠益分享是CBD设立的目标和原则，作为区别于旧有的国际生物环境资源保护协作制度的标志，它不仅从观念上改变了过去在环境资源保护的合作领域中单向义务性的固有思维方式，要求发达国家和发展中国家双方都有所给予和索取，都在享有权利的同时承担义务，[1]而且也从制度上为这个问题的解决提供了全球统一行动的基本框架。惠益分享权的作用即是按照CBD要求公平分配各方参与主体的利益，为主体提出利益分配请求提供法律支持。惠益分享形式灵活多样，既可以是直接的货币形式，也可以是间接的非货币形式如技术合作、成果转让或成果优先使用、专家培训等。

二 遗传资源专有权的限制

（一）限制产生的原因

1. 遗传资源专有权人滥用权利的表现、原因和危害

作为一项专有性权利，遗传资源专有权具有排他性特点，即只要对遗传资源取得了权利，就有权控制他人对遗传功能信息的使用，所以可能产生权利滥用现象。例如，禁止他人以科学研究为目的对遗传资源的合理使用，禁止他人以合理条件取得该遗传资源的使用权，或禁止国家在紧急情况下或为了公共利益的目的对遗传资源的获取和使用，等等。所以如果法律允许遗传资源专有权人可以自由行使权利，则可能产生危

---

[1] 中川淳司著，钱水苗译，林来梵校：《生物多样性公约与国际法上的技术规限》，载《环球法律评论》2003年夏季号。

害社会利益或他人合法利益的后果。

遗传资源专有权人滥用权利的原因主要有两点：第一是制度层面的原因。权利的制度设计说到底只是一种规范上的设计，是将人们的行为纳入一定的权利义务范围，从而设置人们行为的法律界限，但规范设计并不等同于权利实现，因此人们在行使权利时不常总是在这个界限之内。第二是现实层面的原因。私权主体追求自身利益最大化是其天生的理性使然，因此超出权利义务范围的现象不可避免。

观察遗传资源专有权人滥用权利所带来的危害，我们不妨结合遗传资源自身的特点和相关利益主体的需求来进行探讨。首先，遗传资源具有私人物品和公共物品双重属性。就遗传资源的产生而言，遗传资源具有私人创造性的特点。遗传资源的形成，是传统部族或社区千百年来共同劳作的结果。就遗传资源的占有而言，特定团体可以基于对生物资源的占有而实现对遗传资源的占有，从而控制他人对遗传资源的获取和利用。但这种私人物品属性并不是绝对的，在一定程度上又具有鲜明的公共物品特征。由于遗传资源的无形信息属性，遗传资源在使用上是没有排他性和竞争性。不同国家的科研人员只要基于原材料的获得就可以同时展开科研活动。换句话说，一国科研机构或跨国公司的采样，既不会造成该遗传资源的消失，也不会影响其他科研机构或公司的同时占有和使用。就遗传资源的利用价值而言，关系人类的公共健康、粮食安全等根本利益，因此应以服务人类社会之公共利益为最终目的。

其次，作为社会关系的调节器，法律对私权进行限制的实质是为了合理分配围绕私权产生的各种利益。因此，遗传资源专有权的限制也应该以利益作为评价的起点。那么，如何认识和协调围绕遗传资源产生的各种利益呢？遗传资源的利益大致上可以分为三个方面：特定民族和社区的利益，医药公司、种子公司等商业机构的利益，国家和社会公众的利益。对于特定民族和社区来说，拥有遗传资源，并非为了一味追求控制，而是希望合理分享遗传资源利用所带来的商业利益；对于医药公司、种子公司来说，无论是外国的还是本国的，都希望获取遗传资源并进行研究开发，以及通过专利权等知识产权形式来保护自己的创新成果从而最大限度地赚取商业利润；对于国家和社会公众而言，则希望遗传资源能够应用到关系国计民生的产业和领域，为解决重大粮食问题和人类健康问题提供帮助。总体来说，利益需求具有主观性，因主体的地位和立场而确定；而利益选择是客观的，法律在确立利益的轻重缓急时，要受制于社会的物质生活水平和一定的历史条件和环境因素。因此，遗传资源专有权法律关系中的各种利益会受多种客观条件的制约，呈现出限制和反限制不断交织和更迭的趋势。

2. 禁止权利滥用是私法的基本原则要求

在现代社会，私权受到尊重的同时也应顾及社会本位，即"人们在主张和行使自己的权利时，应主张'度'的限制和约束，顾及他人利益和社会公共利益"，"任何一方超过这一限度，就必然会侵犯对方的权利，从而打破两者之间的平衡和协调关系"。[1] 此乃私法领域中权利不得滥用原则的要求。

早在罗马法，权利不得滥用作为一种观念即已存在。所有权虽被喻为一种对物的"完全支配权"，但为了维护社会公益，罗马法规定了"禁止有害于邻人的所有权之行使"的限制。[2]《法国民法典》以推崇无限的绝对所有权而闻名于世，将所有权视为一种神圣不可侵犯的权利。但在事实上，《法国民法典》规定了种种他物权，对所有权进行了实际限制。《德国民法典》更进一步，不仅确立了权利不得滥用原则，而且推行权利社会化的政策，对私人所有权进行了更加具体的限制。例如，该法典第228条："因正当防卫或紧急避险而破坏或损害他人所有物在必要损害限度之内者，不为违法行为。"

在知识产权领域，虽然没有明文提及"权利不得滥用"的原则，但规制私人利益与社会利益平衡关系的法条比比皆是。例如，堪称"知识产权保护法典"的TRIPS在其"序言"中就明确指出，一方面承认知识产权为私权；另一方面承认成员国保护知识产权体制的保护公共利益的目标。美国1787年《宪法》第1条第8款规定："国会有权……对作者或发明人就其个人作品或发明的专有权利，赋予一定期限的保护，以

---

[1] 吴汉东：《著作权合理使用制度研究》，中国政法大学出版社1996年版，第45页。
[2] 《查士丁尼法学总论》，商务印书馆1989年版，第63页。

促进科学和艺术的发展。"可见，美国把既保护知识产权人利益又兼顾社会公益的思想作为立法的基本思想。我国同样在知识产权立法中确立了既保护权利人合法利益又要促进科技进步和经济社会发展的宗旨。

(二) 限制的途径和表现

1. 均衡途径

以知识产权为例，私权的限制一般有三种途径：一是权能的平衡；二是权利行使方式的平衡；三是权利享有期限和地理范围的平衡。笔者认为，这三种途径中，除时间性限制以外，其他的对遗传资源专有权均可适用。同时，本书所探讨的遗传资源专有权限制制度本是在一国国内法的命题之下，因此地域性限制的含义已包含在内，故在此不再作分析。笔者主要分析权能和权利行使方式的平衡。

权能是权利的作用力，权能不是自发产生的，而是法律赋予的。因此，法律可以通过行为主体能够行使的权能数量和种类来构建行为人利益之间的平衡状态。例如，专利进口权不是专利权自始就有的权能，而是在国际专利贸易日益扩大的背景下产生的，其目的是通过该权能的补充来弥补国际贸易发展给专利权人带来的损失。同样的道理，法律也可以通过授予遗传资源专有权合适的权能来合理保护其权利人利益。笔者在上文"遗传资源专有权的内容"中，设计的四项实体权能即是根据该思路进行的理论尝试。

关于权利行使方式的平衡，是指遗传资源专有权人在行使权利时不得垄断资源排斥他人的正常使用。例如，遗传资源持有人不得以专有权为由，阻止他人为科学研究目的而使用遗传资源。

2. 规范表现

针对遗传资源专有权人滥用市场支配地位情形，与之对应的法律规范有两种：第一，合理使用，即规定为科研使用或本国保存性使用遗传资源的，可以不经遗传资源专有权人的许可且不需支付报酬。第二，强制许可，分为：(1) 一般强制许可，即当事人以合理条件请求遗传资源专有权人许可使用其遗传资源，而未在合理时间内获得这种许可的，可以向国家相关主管部门申请颁发强制许可证；(2) 特别强制许可，即在国家出现紧急情况或者为了社会公共利益，由国家相关主管部门颁发强制许可证。值得一提的是，为避免研发者将以科研用途的遗传资源改为商业使用，国家应加大对科研使用的监管力度和处罚力度，具体监管措施还需要深入探索和总结。

第五节 遗传资源专有权保护的配套机制

一 权利法定

权利法定，是指权利内涵和范围均由法律直接规定，权利人不得要求法律规定之外的权利。此外，权利的成立条件、适用范围、效力、消灭等都由法律明确规定。

权利法定在知识产权制度中占有重要地位，是知识产权若干项子权利得以诞生的法理基础。从客体的利用角度来看，传统有形财产权与知识产权最大的不同是，前者的客体是有形的，权利人可以凭借对客体的实际占有而实现利用，所以立法者一般不加以事前引导而交由权利人根据意思自治进行约定；后者的客体是无形的，权利人无法凭借对客体的实际占有来控制利用，所以立法者必须通过法律强制性规定来划出特定的利益范围要求第三人承担一定的义务。实践中，对知识产品的利用方式多种多样，究竟哪些利用需要第三人承担义务，全由法律规定。比如，我国著作权法根据实践中对权利人利益影响最大的16种常见利用方式——对应发展出署名权、复制权、发行权、信息网络传播权等16种权利。这16种权利就意味着权利人控制着16种使用作品的行为，第三人对作品的使用如果属于其中任何一种，就需要征得著作权人的同意并支付报酬，否则构成侵权，当然具有法定抗辩事由的除外。

由于遗传资源专有权的客体与知识产权一样具有无形性，因此，权利法定机制对遗传资源专有权制度构建来说同样是不可或缺的。同知识产品的利用一样，遗传资源的利用方式也有多种多样，而且随着人类在生物技术领域探索的深入发展，可以预见未来人类还有更多挖掘遗传资源价值的利用方式。在这些形形色色的利用行为中，究竟哪些利用需要第三人承担义务，从而在权利人与相对人之间划定一个清晰的利益边界，如果法律不进行事前规定是无法做到的，所以遗传资源专有权的内容和范围必须由立法者明确界定。

二 专项基金

为解决遗传资源惠益分配问题和使用问题，许多国家施行专项基金制度。专项基金制度，是指为遗传资源的受益者设立信托基金，将除及时支付的工资、样本提取费等以外的全部货币型惠益放入基金池中，设立管理规则，以便统一使用。

专项基金制度的优势主要表现为两点：第一，避免同一遗传资源之上多个地方群体的相互竞争。由于实际中同一遗传资源可能分布在不同部族或社区，理论上这些群体都可以作为遗传资源专有权主体，这就容易出现主体之间为争夺利益而相互扯皮或压价的情形。基金的设立可以对各个利益相关主体之间的利益进行适当的平衡，并且使权利主体的矛头一致对外，消除内耗。第二，满足国家更长远目标的要求。从功能上，遗传资源保护不仅仅在于短期补偿，更是为促进一国生物多样性的可持续发展。因此，将惠益集中起来作长远规划使用，以服务于国家科研能力建设、环境保护等更大的综合目标，具有更重要的现实意义。

正因如此，越来越多的国家采用了专项基金制度。例如秘鲁成立了"原住民发展基金"，用以保护原住民的利益分享权，并规定遗传资源商业化利用所得利润总额的25%应上缴给国家机关。[①] 印度也设立"国家生物多样性基金"，用于直接支付私人团体和支持国家的相关能力建设的需要。我国在规范遗传资源惠益分配和使用时，也应当采用专项基金制度。

三 格式合同

实践中，遗传资源的获取、使用和惠益分享都是通过合同形式来安排，合同双方主体常常是作为遗传资源提供者的私人团体或政府与作为遗传资源使用者的跨国公司或科研机构。双方在协商的基础上就相关问题达成一致意见，成为遗传资源交易活动的起点。但是，在共同商定条件的基础上，该合同也往往需要国家公权力的介入来保障实质公平的实

[①] 参见秘鲁《遗传资源获取管制法》第26条。

现，这种做法就是格式合同制度。

格式合同作为一种标准化的合同，既为当事人预留了可以协商的部分，又提前确立了双方或一方必须做出的承诺。这样做的好处在于，一方面可以发挥合同自由的优势，根据需求灵活设置权利义务；另一方面可以为公平合理的协商过程和内容设定最基本的保护屏障；同时能够避免无底线的讨价还价，防止权利人做出短视行为，危害国家安全利益和生态环境利益。

基于格式合同制度兼具私法保护和公法管制的双重优点，该制度已经在很多发展中国家中得到推行。如非洲规定，获取和惠益分享协议必须包括提交生物样本副本和传统知识记录副本的内容。[1] 秘鲁规定，许可协议必须包括补偿条款，且补偿的比例不低于直接或间接基于集体知识开发出来的货物销售额税前价值的5%。[2] 南非规定，在获取的遗传资源转让给第三方时，《材料转让协定》必须约定转让者向第三方提供此类生物遗传资源或其后代应该遵守的条件。[3] 印度要求将免责事由列入合同内容，[4] 等等，不一而足。这些做法为我国在遗传资源法律中采用法定合同制度提供了有益的参考，值得我们借鉴。

四 知识产权制度的利用

遗传资源由于客体不同，所以不能成为知识产权保护的对象，但是知识产权法仍可以为遗传资源提供一定程度的保护。尤其是在遗传资源专有权概念和制度体系尚未建立的情况下，利用现行知识产权制度保护遗传资源确有必要。

（一）现有技术规则的利用

现有技术规则是专利法上用于判断发明是否具有新颖性的一项规则。现有技术，又称在先技术，是指在技术方案申请专利之前就已经存

---

[1] 参见《非洲示范法》第8条。
[2] 参见秘鲁《土著集体知识保护法》第27条。
[3] 参见南非《国家环境管理：生物多样性法》第84条。
[4] 参见印度《生物多样性法》第14条。

在且公开的技术。由于专利制度设立的目的，是针对尚未公开的技术，通过授予专利权的奖励手段来换取发明人公开该技术，从而增加社会共享的财富。所以如果该技术在申请专利前就已经公开，落入公有领域，自然就没有授权的必要。由此，现有技术成为判断申请的技术方案能否获得专利权的标尺和准绳：凡是落入现有技术范围的，则不具备新颖性，不能授予专利权；凡是未落入现有技术范围的，则具备新颖性，可以授予专利权。

现有技术的公开形式具有十分重要的法律意义。各国的专利制度在审查技术方案的新颖性时，一般有两种做法：一种奉行使用公开的标准，即根据是否在申请日之前已有人使用相同技术方案来判断有无新颖性；另一种奉行书面公开的标准，即根据是否在申请日之前已有相同技术方案记载在某文献上来判断有无新颖性。实践中，欧洲专利公约、日本专利法和美国专利法最具影响力。它们在现有技术的认定上，分别采用了上述两种做法，形成了两种代表模式即采用使用公开标准的欧日模式和采用书面公开标准的美国模式。具体而言，根据《欧洲专利公约》第54条关于"新颖性"的规定，现有技术包括在欧洲专利申请的申请日之前，通过书面表述或口头表述、使用，或者任何其他方式为公众所获知的任何事物。根据《日本专利法》第29条规定，"申请专利之前在日本国内已经被公开实施的发明"不得授予专利权。从上述规定可知，欧洲和日本均承认在先使用的技术，无论是国内使用还是国外使用，都属于现有技术。与此不同，美国专利法在认定现有技术时仅看有无在国内使用，或有无在国内外公开发表。

现有技术规则对遗传资源的保护具有直接作用。与遗传资源有关的传统知识，实际上是指土著或地方社区通过长期培育农作物品种、家禽品系等实践形成的经验知识。传统知识是从长期的实践经验发展而来、属于集体共有、可通过文字或口头形式世代相传的知识，是各民族在长期的生产和生活中创造的智慧结晶。从本质上看，传统知识可以归入现有技术范畴。根据现有技术规则，我们可以利用与遗传资源有关的传统知识属于现有技术，排除他人就遗传资源在有关国家获取专利权，从而保护遗传资源专有权人的消极利益。传统知识的这一属性和作用得到了包括美国在内的世界各国的普遍认同。在 2013 年 4 月 WIPO 政府间委员会召开的会议上，美国代表团建议将"遗传资源相关传统知识"定义为"由土著人民或当地社区持有并直接导致所提出的发明、关于遗传资源属性和用途的实质性知识"。[①] 从该建议可以看出，美国十分认同传统知识对遗传资源防御性保护的作用。

与遗传资源有关的传统知识通常具有如下几种公开形式：一是口头公开，即通过口口传授的方式存在，没有正规性的文字记载；二是书面公开，即已经记载于一定范围内使用的文献中；三是使用公开，即通过使用的方式对外进行传播。从目前各国与遗传资源有关的传统知识实践来看，由于与遗传资源有关的创新、做法年代久远，无据可查，所以大多数传统知识属于口头或使用公开的形式，只有极少数传统知识能找到正规的文献出处。这使得在不同的欧日模式和美国模式下，现有技术规则对遗传资源保护的力度完全不同。

以著名的印度"印楝树案"为例。印楝树是印度的一种树木，其树皮、种子、花朵含有一种天然的杀虫剂成分，当地农民常常用古老的做法将其捣碎浇撒在农作物上用来防治虫害。20 世纪 90 年代，这一遗传资源和传统知识引起了国际生物公司 W. R. Grace 的关注，随后该公司推出一项发明，即是从印楝树种子中提取含有杀虫剂的化学物质的方法发明，并申请了欧洲专利。为此，印度农民和环保主义者们对此提出抗议。他们提交了一些关于印度农民几个世纪以来都在使用印楝树提取杀虫药做法的证据。最终欧洲专利局适用现有技术规则，认定该专利不具有新颖性而撤销了专利权。

但是，相似的一案在美国的命运完全不同。美国某牙医获得了一项硝酸钾抗过敏牙膏专利，虽然主张该专利无效的人出具了多份该技术应属于现有技术的材料，其中包括一份《中华医药大典》有关中国古代使用硝酸钾物质治疗牙痛的加载材料，但是美国专利局仍认为该专利有效，理由是外国古代的书面材料适用范围太小，难以实际起到公开作

---

① WIPO/GRTKF/IC/25.

用，因此未达到国外公开发表标准。① 这一案例反映出两个问题：一是美国模式下的专利保护对遗传资源保护作用非常有限；二是为更有效地运用专利保护手段，建立规范化的传统知识数据库非常必要且迫在眉睫。

（二）传统知识数据库制度

传统知识数据库制度，是指通过数据库形式对传统部族和社区的与遗传资源相关的传统知识进行系统收集、整理和记录的制度。建立数据库的目的在于为遗传资源知识产权形式的利用方案属于现有技术提供有力证据，从而通过避免专利权的不当授予或撤销专利权来防止遗传资源落入他人专利权垄断范围。由于与遗传资源利用有关的生产、生活实践或传统习惯、经验常常是通过口述代代相传，没有文字记载。因此，在确定可能包括遗传资源和相关传统知识的一项发明是否具有新颖性时，专利审查者往往无法找到有关现有技术的资料。在此情况下，数据库制度可以为遗传资源提供国的专利审查机构提供确定的目标和方向，快速、便捷地查明申请对象是否属于本国已有的传统做法的事实。除了上文提到的"印楝树案"，还有一个比较著名的案例——姜黄专利案，就是因为印度提供了关于姜黄传统知识的文献证据，以申请方案落入现有技术而不具有新颖性为理由，才促使美国专利局作出撤销专利的决定。

基于传统知识数据库对保护遗传资源的显著作用，世界知识产权组织和一些遗传资源丰富的国家已经启动或正在实施该制度。从国际层面来看，为把有关国家建立的传统知识数据库并入现行专利机构使用的搜索工具中，世界知识产权组织成立了一个由中国、印度、美国、欧盟等国家和地区组成的特别工作小组，以促进该工作。从地区层面来看，印度的做法最引人瞩目和富有成效。印度在 1996 年由国家创新基金等非政府组织建立了蜜蜂数据库（Honey Bee Database），将涉及传统草药、健康之类的传统知识收纳其中。人们可以进入这个数据库，改良这些做法，并和发明人或知识拥有者联系来分享利益。为了促进传统知识提供

---

① Srividhya Ragavan, Protection of Traditional Knowledge, 2001, 2, Mini、Intell、Prop、Rev. 1. 转引自严永和《论传统知识的知识产权保护》，法律出版社 2006 年版，第 140 页。

者与发明者之间的联系,防止本国特色的遗传资源和传统知识被盗用,印度又在1999年建立了有关"草医学"的传统知识数字图书馆(Traditional Knowledge Digital Library,以下简称 TKDL),目前已经完成了用6种语言记载的约36000份印度传统草药品种和配方的信息录入,而且数据库按照国际专利分类标准,将这些信息进行分类,以方便国际专利的审核。不仅如此,印度政府还将 TKDL 的资料发送给美国、欧盟、日本等几个主要的专利大国和地区,目的是在任何可能的情况下先发制人、阻止生物剽窃。[①] 近年来,国际社会正在讨论数据库的改进方案,发起建立一站式门户网站数据库,以最大限度为国际专利申请提供便利。[②]

关于数据库,有两个重要问题值得思考。第一,被纳入数据库的传统知识,土著群体或地方社区是否还可以主张所有权?第二,公众对数据库是否可进行自由查阅?

针对第一个问题,欧盟代表团曾在 WIPO 会议上特别强调,设立传统知识数据库的目的是从传统知识属于公有领域这一意义出发。欧盟的这种观点似乎在暗示,数据库里的传统知识因为已经被看作公有领域的财富而不能再在其上设立私人的财产权。我国也有学者表达过类似观点,对数据库的负面作用表示担心。不过,笔者认为这种观点是不成立的,这种担心也没有必要。传统知识的登记是为了配合现有技术规则的适用,它对遗传资源私权化没有影响。也就是说,一项遗传资源及相关传统知识是否登记在案,并不影响当地部族或社区对其是否享有权利。

[①] WIPO/GRTKF/IC/25.

[②] 例如,在2013年WIPO知识产权和遗传资源、传统知识及民间文学艺术政府间委员会第25届会议上,日本代表团提出通过拟议的一站式门户网站数据库来检索所有的传统知识及其专利信息。这将加强创新并帮助实现其中的利益分享。该代表团强调,开发一键式数据库将减少知识产权局的审查工作量。在日本,各种传统知识数据库与互联网一起用于专利审查过程中现有技术的检索,此类检索需要查看一些不同的数据库,这使得审查工作量增加。如果文件 WIPO/GRTKF/IC/24/7 文件提出的一键式数据库变为现实,这将有可能减少审查阶段涉及现有技术检索的工作量,因为审查员仅仅通过访问门户网站和输入检索条目就能检索到各个数据库的信息。由于存在关于传统知识的各种不同的数据库,其中包括商业数据库,对一键式数据库将产生巨大影响。

原因在于，实践中传统知识本身就是属于集体共享的财富，为某一群体共同使用。这种在特定范围内公开使用的固有属性使得传统知识从未形成也不可能形成某一特定个人的财产观念，但这并不妨碍它成为该群体的私有财产。落入现有技术领域并不意味着一定是属于无主财产或共有财产，他人享有专利权的在先技术同样也属于现有技术范围，但很明显它不属于公有领域的财产。"现有技术"和"公有领域"并非是完全一致的概念，现有技术的主旨是表明申请专利的技术早就已经存在，不是具有新颖性的新技术，而不是表明该技术是无主的、可免费使用的财产。因此，已经登记的传统知识，仍然可以成为某一特定群体的财产；即使没有登记，只要有相关证据证明该部族人民对该遗传资源和相关传统知识的长期实践和贡献，也可以依法取得遗传资源和传统知识的所有权及其他权益。

针对第二个问题，有三种可能性：一种是登记不对外公开，只能由专利审查人员依法使用；一种是登记完全对外公开，公众可自由查阅，在规制上可能只是存在程序和步骤繁简的区别；还有一种是登记有选择地公开，区分处于公共领域和仍处于相对保密两种情形对待，对于前者公众可自由查阅，对于后者除非有法律特殊规定，否则不提供对外查阅。笔者认为，结合遗传资源和相关传统知识的实际运用情况，第三种做法最为有效和可行：一方面这种做法区分了遗传资源及其相关传统知识的对外公开程度，没有一概而论，因此更能满足本国保护遗传资源价值的实际需要；另一方面也有利于降低交易成本，满足遗传资源利用国的现实需求。

（三）地理标志制度的运用

从学理上分析，地理标志制度可以成为遗传资源开发利用的法律保护手段。地理标志，是一种商品证明标志，旨在标明某商品来源于某地区。地理标志与遗传资源高度契合，表现在三个方面：一是与生态系统的关联度契合。地理标志产品的范围划定通常是以生态系统为依据，包括温度、海拔、土壤条件、降水量等。地理标志产品的种源是来自生态系统的传统地方品种，包括种植类产品和养殖类产品。而遗传资源的保存也离不开生态系统的维护，遗传资源开发的对象主要是系统内经当地民众世代培育、种植的地方品种。二是权利属性契合。地理标志权属于集体性的共有权利，归当地生产者和经营者共有。每一个地理标志产品的出现，都是一个多方利益主体参与、管理、共享的过程。遗传资源专有权也是属于集体性权利。虽然现行法律还没有对遗传资源专有权属进行界定，但学术界对遗传资源专有权属已形成一个共识性观点：遗传资源是集体智慧的结晶，应该由当地民众集体共有。三是制度功能契合。地理标志制度本身是一种经济行为安排，通过质量技术要求推动划定区域的优势产业发展。同时利用政府的公权力推动产地环境保护，制止工业化、城市化引起的环境破坏，保护一个可持续的绿色产地生态系统。遗传资源专有权制度也是规范遗传资源持有人、利用人利益的经济行为安排，遗传资源的获取、利用和惠益分享，都是通过权利配置，降低谈判成本，来促进遗传资源利用合作的实现并最终产生惠益。地理标志制度与遗传资源专有权制度相结合的意旨，是要运用现行知识产权制度促进遗传资源的商品化利用，从而为所有者带来更大的财富。

五 尊重习惯法

习惯法是介于法律和道德之间具有一定强制性但独立于制定法之外的社会规范。对于习惯法的价值，美国著名法学家伯尔曼曾说："法律既是从整个社会的结构和习惯自下而上发展而来，又是从社会的统治者们的政策和价值中自上而下移动。法律有助于以上这两者的结合。"[1] 伯尔曼的这句话透露出三层含义：一是习惯法是法律渊源之一，而且是最古老、最原始的渊源；二是法律虽然是从习惯法发展而来，但是习惯法在实践中能发挥作用的空间很有限，真正起作用的是体现统治阶级意志的规范性文件，而非适用于某一群体的不成文的习惯或惯例；三是即便如此，法律也应该尊重习惯法。

---

[1] ［美］哈罗德·丁·伯尔曼：《法律与革命——西方法律传统的形成》，贺卫方等译，中国大百科全书出版社 1993 年版，第 664 页。转引自丁丽瑛《传统知识保护的权利设计与制度构建》，厦门大学出版社 2009 年版，第 162 页。

从存在形式来看，习惯法通常表现为某些群体内部的惯例、族规、家训或德高望重的年长者的意见。习惯法没有规范化的成文记载，且具有动态性，能够根据社会发展情况发生变化。习惯法的这种灵活性，使得即使是在文明高度发展的现代，这种年代久远的规则也具有鲜活的生命力，没有被国家制定法完全取代。从利益表现形式来看，习惯权利是反映群体原始诉求的、直接来自于习惯法中的权利。国内已有学者对习惯权利的特征作出了精辟的归纳：① 笔者在这里主要借用其归纳特征的重要部分，即"习惯权利主要是在主体交往中通过直接博弈形成的，当然也可能是赋予的"。这句话一针见血地指出了习惯权利与法定权利的区别：前者是自愿自发形成的，后者是国家强制性赋予的。这种区别也带来了习惯法在执行上的优势：相比遵守法律依赖于国家的相关宣传、教育、引导甚至强制而言，习惯法更能被人们所接纳和使用。

习惯法的这些特性和作用，为我们构建遗传资源专有权保护制度提供了有益的思路。遗传资源传统使用和传播方式植根于特定民族或族群的文化传统中，事实表明，这种文化传统对遗传资源及其传统知识的保护发挥了极大的作用。同时这种传统行为规范和思维理念具有很强的稳定性和连续性，不应当被任意破坏，否则依赖它们而存在或维系的遗传资源及其传统知识将可能面临消失的危险。因此，有关遗传资源保护的国家立法应当对习惯法保持一定的尊重，在不与宪法相违背的前提下，考虑和照顾传统社区群体的特殊情况，承认传统部族和社区的习惯做法作为遗传资源获取和惠益分享规则基础的合法性。实践中，已经有一些国家采用了这种做法，例如，菲律宾1997年《土著人权利法》第35条有关"获取生物与遗传资源"的条文明确规定，获取生物和遗传资源以及保存、利用和改进这些资源的传统知识，必须在土著人祖传的土地上进行而且必须遵守相关社区习惯法（customary laws）中的自由与事先知情同意规则。

那么，根据上述原理和他国做法，我国在运用习惯法保护遗传资源时，在规范安排上应该怎么做呢？笔者认为，可以将习惯法放置在遗传

---

① 谢辉：《民间规范与习惯权利》，《现代法学》2005年第2期。

资源专有权保护的限制制度部分，以尊重传统习惯作为合理使用内容的指导原则，通过这种方式把习惯法"嵌入"到国家制定法体系的法律秩序中。根据该原则规定，遗传资源所在社区或部族的内部成员按照传统习惯对遗传资源进行原生态使用的，属于合理使用，至于这种使用无须考虑是否以营利为目的，而外部成员的使用则要考虑商业性目的区别对待。

第五章

遗传资源专有权与知识产权制度的协调

遗传资源专有权作为一项新设的权利，是不是会冲击和破坏现有权利体系？这已经是我们必须面对、必须回答的理论问题了。一般来说，原有的私法体系中蓦然出现一个新生事物，总会有让人产生不适应的问题，特别是遗传资源专有权与现有知识产权之间还存在着种种关联，这就要求我们必须清晰地界定它的领域及边界。为此，本章着重探讨遗传资源专有权与知识产权制度的协调问题。

第一节　遗传资源专有权与知识产权的紧张关系及其成因

一　遗传资源专有权与知识产权的紧张关系

遗传资源专有权的客体是"自然之物"，知识产权的客体是"人为之物"，客体的不同，就决定了遗传资源权和知识产权分属于不同的制度框架，不能混同。但同时，遗传资源专有权与知识产权又是关联性权利，因为从遗传资源开发和利用的产业链上看，遗传资源的占有和取得是上游，以遗传资源为基础的生物技术应用是下游。所以，遗传资源与生物技术的关系是根与木的关系，没有了遗传资源，生物技术就是无根之木，离开了生物技术，讨论遗传资源专有权实现也是空谈。从这个意义上讲，遗传资源专有权是知识产权的在先权利，遗传资源专有权作为在先权利可以对抗知识产权，并在一定程度上能够限制知识产权，但二者之间还是存在着顺序利益。

那么，从学理上如何界定遗传资源权与知识产权的关系？很多学者习惯使用"冲突"这个字眼来描述和定性它们之间的法律关系。[①] 从形式上分析，由于两种权利背后各自代表的利益诉求不同，遗传资源持有人的利益往往得不到知识产权人的认可乃至尊重，因而呈现出对抗紧张的关系，用"冲突"定性两者关系也是符合现象表征的。但笔者认为，从实质和法理上考察，两项权利本身并不冲突，而只是呈现出利益冲撞的紧张关系。

权利冲突是法学上的一个专业术语，用以描述两个以上权利的实现不能并存的状态。[②] 权利作为法律关系的一种状态，理应平等地处于抽象的法律秩序中，在自己权利的边界内发挥功能。但是权利边界在现实中并不总是能完全地、清晰地确定，也就是说，权利冲突不是规范中权利抽象表达的冲突，而是行动中权利具体实现的冲突。[③] 所以当两个权利的边界重叠或交错在一起时，每一方的实现都遇到了来自对方的阻碍，权利冲突由此形成。在这种对斥的关系中，双方的目的是要破坏以至清除对方。通俗地讲，冲突中的权利表现为"你死我活"的关系。例如同一场所中某人的吸烟权利与他人的健康权无法共存。

遗传资源专有权与知识产权之间是"你死我活"的关系吗？显然不是，而是"你强我弱"的关系，表现为谁强势，谁就占尽上风，权利主体的利益可以得到保障；谁弱势，谁就处于被动，权利主体的利益实现往往落空。遗传资源专有权与知识产权正是在这种实力对比中，形成此消彼长的紧张关系。近年来许多发展中国家之所以更加注重运用法律保障遗传资源惠益分享，其根源在于发达国家利用发展中国家的遗传资源开发出来的生物药品、转基因农作物等，通过专利权形式形成垄断、攫取巨额利润，发展中国家从中不仅得不到公平补偿，反而还要承担高价进口遗传资源衍生专利产品的负担和本国生物遗传资源流失的损失。在强势的知识产权制度面前，发展中国家被迫在 CBD 框架下寻找道义和

[①] 如有学者在文章中认为"两种权利背后所代表的不同利益，仍然会是遗传资源信息权与知识产权产生碰撞与冲突"。参见钊晓东等《遗传资源知识产权问题研究》，法律出版社2016年版，第250页。

[②] 王利明：《人格权法研究》，中国人民大学出版社2005年版，第208页。

[③] 王康：《基因权的私法规范》，中国法制出版社2014年版，第264页。

法律上的支持，提出控制遗传资源获取和分享遗传资源惠益的权利主张。也就是说，设定遗传资源专有权的缘起主要不是为了保护遗传资源，而是因为知识产权对源于遗传资源的知识产品给予了过度保护，导致知识产权制度一定程度上成为发达国家攫取遗传资源的工具。同时，由于遗传资源专有权是正在酝酿和创设中的权利，尚未实现与现有制度的有效对接，形成完整的保护链。所以在这一背景下，遗传资源专有权就成了弱势权利。

当然，问题的另一面是，如果过度强调遗传资源专有权，过度保障遗传资源权利主体的提供国的利益，就有可能损害生物技术先进的发达国家的利益，宝贵的遗传资源就不会得到充分开发利用，从而有碍于人类共同利益目的的实现，遗传资源保护也就失去了意义。因此，妥适的遗传资源专有权保护制度的基础，应当是平衡发展中国家的遗传资源惠益分享权益和发达国家的知识产权，以实现双赢的局面，这种机制正是处理遗传资源专有权和知识产权协调保护问题的最终目标和现实意义。

二 遗传资源专有权与知识产权紧张关系的产生原因

遗传资源专有权与知识产权紧张关系的本质是作为两项均具有正当性、有先后顺序的权利，知识产权处于强势地位，遗传资源专有权处于弱势地位，作为在先权利的遗传资源权往往得不到知识产权的尊重。造成这种强弱对比的原因有两种，一种是来自于现实条件的现实原因，另一种是源于现实条件背后主观需求和客观制度的根本原因。

（一）现实原因

首先，遗传资源信息化的特点使得知识产权人的规避行为很容易实现。虽然在很多时候，遗传资源被认为是一种大自然提供的生产资源，而且受国家主权控制，但它与同样是生产资源的矿物资源有很大不同。要获取煤矿，必须首先找到一个有一定储量规模的矿藏，然后进行开采和提炼。而对于以遗传资源作为基础材料的生物研发来说，很多时候只需要采集少量的遗传资源样品即可，可能就是几颗种子或动物少许的皮肤组织就可以完成获取过程。所以，生物技术公司规避的成本很低，且具有极强的隐蔽性，往往在权利人或所在国家不知情的情况下，就已经获取和开发了遗传资源。

其次，交易过程中，生物技术公司和科研机构显然处于谈判的主动地位。由于信息不对称和谈判能力不对等，当地农民对应该分享多少利益难以评估，再加上急功近利式的短视行为常常忽视其他重要利益。因此，遗传资源专有权的实现很不充分，所以也谈不上对知识产权的约束作用。

最后，作为一项群体性权利，遗传资源专有权在实际行使过程中，往往需要集体代理人的帮助，而代理人可能出于私利目的实施寻租行为，这给作为遗传资源利用人的跨国公司和科研机构带来可乘之机，签订一些不公平条款，进一步加剧了遗传资源专有权的弱势地位。

（二）根本原因

遗传资源专有权创设出来后，与知识产权之间的关系不会那么缓和，两者在未来很长一段时间内将会继续处于难以调和的紧张关系，其背后的根本原因在于：

1. 跨国公司的逐利性排斥遗传资源利益的合理分享

在遗传资源领域，跨国公司具有逐利性，通常以隐瞒等手段追逐遗传资源商业利益的独占享用。在专利申请中故意隐瞒遗传材料的来源，或否认自己利用了当地农民的传统知识，这是生物剽窃者的惯常做法。这么做的唯一目的就是独享遗传资源衍生产品的全部利益。例如，礼来制药公司（Eli Lily）在马达加斯加热带雨林中发现一种具有独特遗传性状、被当地人长期当作药物使用的长春花植物。礼来公司借此研发出抗癌药物并成功取得专利权，投放市场获取了巨额利益。但礼来公司通过在申请专利时隐瞒遗传资源来源等手段，没有与该遗传资源拥有国马达加斯加分享惠益。2005年在《专利法条约》（Patent Law Treaty）的制定过程中，哥伦比亚等发展中国家提议在遗传资源衍生的专利申请中增加来源披露义务和出示遗传资源来源国知情同意证明的义务。该提案最后被发达国家以行政负担过重为由加以拒绝。事实上，即使像发达国家所说的，该项披露要求会增加遗传资源利用者的行政负担，降低其收益，但是从根本上看，不会造成遗传资源衍生产品和创新无法完成，也不会带来知识产权利益无法产生，反而能够将以剽窃为手段获取的不正当利益排除出去。作为一项无可厚非的国际公约义务受到发达国家的普遍冷落,无非是发达国家及其跨国公司希望最大限度占有遗传资源利益的心理在作祟。

2. 知识产权制度自身的功利性带来其对传统部族应有利益的忽视

知识产权在诞生之初,其合理性就受到质疑。有学者指出,知识产权只有在为自身存在的合理性进行辩护时,才搬出促进人类科技创新之类的目标来,①或者搬出浪漫的劳动论作为遮羞布。② 实事求是地看,知识产权制度发展到今天,作为现代类型的知识及其创新的保护机制,在促进科技发展和社会进步方面确实发挥了重要作用,做出了巨大贡献。但是,当知识产权越来越成为国与国之间的竞争工具,特别是成为西方发达国家攫取巨大物质财富的工具时,我们需要认真考量知识产权制度的功利性一面。

西方发达国家创设知识产权制度,宣称其宗旨是推动知识产品的研发和科学技术的发展。但西方发达国家的所作所为,让我们怀疑其创设知识产权制度的实际目的是保障知识产品与科学技术研发背后的经济利益,以及巩固西方发达国家在高新技术上的绝对竞争优势。这一点,在现行的知识产权法律制度的授权条件方面体现得十分明显,例如,专利法仅保护可以直接应用于实际产业的实用技术,但并不关心该技术对人类知识进步及后续发展有多大贡献。在遗传资源领域,有的跨国公司仅仅通过对相应的遗传资源稍加技术开发和改良就可以满足专利的条件获得专利权,达到直接占有遗传资源拥有国、传统部族的遗传资源的目的。如尼姆树一案,美国 Grace 公司从印度当地社区获取尼姆树粉末后,通过一定的持久保存手法使该粉末在脱离当地社区环境条件下还可以保持原有的药效,并以此在美国申报专利。可以说,美国 Grace 公司申报的该专利,其中没有任何创造性贡献,是彻彻底底的攫取遗传资源的"生物剽窃"。从受益对象来看,知识产权制度的最大获益者是西方发达

---

① 崔国斌:《基因技术的专利保护与利益分享》,载郑成思主编《知识产权文丛·第3卷》,中国政法大学出版 2000 年版,第 337 页。

② 熊琦:《著作权激励机制的法律构造》,中国人民大学出版社 2011 年版,第 29 页。

国家及其跨国公司，占世界绝大多数的发展中国家很少直接受益，有时甚至还是被剥夺、被损害的对象。这一现象在遗传资源的获取与研发领域尤为突出：许多发展中国家由于自身经济实力较弱、研发水平较低，没有能力利用遗传资源创造出相应的知识产品。而发达国家则利用发展中国家在遗传资源价值认识、信息掌握上的劣势，低价甚至无偿占有发展中国家的遗传资源，并以此为基础研发出相应的知识产品，获取巨额利益。正是在这种背景下，遗传资源的法律保护成为知识产权议题下的一个讨论对象，学者普遍在知识产权领域内探求对遗传资源保护的必要性。

3. 遗传资源保护的国际体制尚不能与国际知识产权保护扩张趋势相抗衡

知识产权制度发展到今天，已经有三百多年的历史。从国际保护角度，知识产权制度的发展可以分为两大阶段，以1994年TRIPS的签订为分水岭。在TRIPS签订之前，也就是第一阶段，知识产权国际保护处于较弱的态势。这个时期，知识产权国际保护主要以19世纪晚期签订《保护工业产权巴黎公约》和《保护文学艺术作品伯尔尼公约》为代表。由于这两个条约缺乏制裁机制，因此对成员国的影响不大，各个国家主要是按照自己的经济水平和政策目标，制定和施行知识产权法，知识产权的国家特征十分明显。但随着TRIPS的签订和实施，这一状况发生重大改变，国际知识产权制度的发展进入第二阶段。

人类进入20世纪以来，以生物技术和信息技术为核心的两大技术革命有力地推动了相关产业的发展，含有知识产权的贸易产品在国际贸易总额中的比例越来越大，经济全球化的步伐也越来越快。在这种形势下，原有知识产权类型的保护客体不断增加。以专利领域为例，由于生物科学家已经开始掌握描述遗传基因代码的能力，为满足生物及相关产业发展的需求，美国、日本和欧洲一些发达国家纷纷将原来排除在专利保护之外的生命体纳入专利权、植物育种者权的保护范围。与此同时，拥有知识产权的大国开始关注知识产权的国际一体化保护问题。在美国"特别301条款"的制裁压力下，发展中国家被迫加入知识产权强保护的国际阵营，TRIPS签订最终完成。TRIPS虽然没有为知识产权设定实体义务，但是为所有成员国规定了都要达到的知识产权保护最低标准，并以贸易争端解决机制作为执行后盾。如果发展中国家因违反知识产权保护的最低标准而引起贸易争端，争端将被提交该机制来解决。

TRIPS改变了知识产权制度发展的历史，发达国家借助国际体制基本实现了知识产权的全球性和统一性，并继续巩固和享有高水平知识产权保护为其带来的高收益，而发展中国家则无法继续按照其内经济状况来确定本国知识产权政策，承受着施行超出本国经济水平的知识产权政策所带来的一系列社会压力。在这种失衡的国际经济秩序下，发达国家与发展中国家的利益交锋成为必然。发展中国家并没有坐以待毙，为反抗发达国家利用知识产权"合法"垄断他国资源的做法，以及为在国际竞争中争得一些先机，一些遗传资源丰富的发展中国家纷纷要求国际社会对其具有优势的遗传资源和传统知识进行国际保护，转而在人权、公共健康、生物多样性保护等众多国际体制中展开针对TRIPS的知识产权造法活动，并努力推动WTO多哈回合谈判TRIPS的变革。

面对发展中国家要求修订TRIPS的呼声，发达国家通过更加严格的"TRIPS-plus"标准进行抵制，大量"TRIPS-plus"协定的签署和实施，使发展中国家依照TRIPS自身修改机制而享有的自主立法空间被进一步压缩，TRIPS变革之路更加艰难。在这种国际大背景下，遗传资源保护依旧远远无法与知识产权相抗衡，遗传资源专有权仍将在很长一段时期处于弱势地位。

第二节　遗传资源专有权与知识产权协调的基础和基本思路

遗传资源专有权与知识产权虽然没有法律上的冲突关系，但二者之间由于利益冲撞而紧张对峙、难以调和。如何协调二者的关系，避免顾此失彼，首先需要我们找到二者可以共通的一面，以此作为一体保护的基础。笔者认为，这个基础可以从人权意蕴的价值定位上进行确立，而且CBD与TRIPS之间的互动协调也为该基础提供了制度空间。

一　道义基础：人权范畴下的对立统一

人权和知识产权一样都是西方文明的一个概念，但是人权概念比知识产权产生的更早，并为知识产权的诞生提供了理论基础。人权的主张最早来自于自然法的思想。14—15世纪，欧洲文艺复兴时期最主要的思潮是人文主义。以自由、平等为价值核心，以个人主义为中心的人文主义思想，成为近代启蒙思想家关于"天赋人权"理论的主要思想来源。洛克、卢梭等思想家都以人权为出发点，阐述了财产权对于个人的重要意义。他们认为，财产权是天赋的人权，是神圣不可侵犯的，国家和政府存在的意义就是为了保护这一至高无上的权利，除此以外没有别的终极意义。这种建立在天赋人权理论基石上的自然权利观，不仅仅强调财产是个人权利的属性，更强调财产是个人针对国家权力而享有的权利。

天赋人权理论可以很好地诠释知识产权的基本属性：首先，知识产权作为人权也是"天赋"的，不是由国家特许产生的，它是资本主义式的财产权，不是封建特权；其次，知识产权作为人权也是普世存在的，是每个公民凭借创造性劳动都享有的个人权利。西方国家最高级别立法都对知识产权的人权寓意进行进行了确认和宣示，如法国1789年《人权宣言》宣称"自由交流思想和意见是最珍贵的人权之一，因此所有公民除在法律规定的情况下对滥用自由应负责外，都可以自由地发表言论、写作和出版"。

人权价值逐渐受到世界各国的普遍重视，国际社会通过国际条约确立了人权的世界性标准。二次世界大战结束的当年，《联合国宪章》首次在国际社会上宣示并树立了人权理念。此后的几十年，联合国陆陆续续颁布了一系列有关人权的国际公约，从《世界人权宣言》到《美洲人类权利和义务宣言》，一些重要的国际人权公约都强调了知识产权的人权属性。例如，《世界人权宣言》第27条规定"人人对由于他所创作的任何科学、文学或美术作品而产生的精神的物质的利益，有享受保护的权利"。由此，起源于西方人文主义思想的人权概念，在发展成为普世价值观的同时，也成为以个人财产权为核心的知识产权的重要内涵。

从人权理论发展的历史来看，早期人权概念强调的是个人的权利，是用来对抗国家的权利。这种人权理论对于倡导个人自由、反对封建特权是有积极意义的，也深刻影响了早期资本主义的发展进程，以至于国际人权思想都将人权视为个人的权利。但随着发展中国家走向人权斗争的国际舞台，人权概念也在逐步发生改变，人权不再仅是个人的权利，也是集体的权利。

在知识产权领域，人权的集体权利寓意是基于以下背景产生的：20世纪后半叶，随着科学技术的快速发展，为巩固技术优势带来的支配地位，知识产权成为市场主体竞相争夺的对象和目标。在国际层面，发达国家主导的知识产权规则逐渐演变为对内保护本国企业、对外经济殖民的"合法化"工具。知识产权与发展中国家的公共健康权、发展权和自决权的冲突越来越严重，对发展中国家造成的危害也越来越明显，并在TRIPS的助推下达到高峰。具体来说，这种危害和影响突出表现在三个领域：

一是在公共医疗、卫生等健康领域。在TRIPS签订之前，发展中国家有权通过仿制专利药品来获得较为廉价的医疗服务。这种权利在国际人权公约中以"健康权"等基本人权形式进行了确认和保护。例如，《世界人权宣言》第25条规定，人人有权享受为维持他本人和家属的健康和福利所需生活水准，包括食物、衣着、住房、医疗和必要的社会服务。但是在TRIPS生效后，高水平的专利保护标准导致进口药品的价格上涨，一体化的专利保护要求使得仿造生产廉价药品的空间缩小，这不仅加重了发展中国家贫困群众的经济负担，而且加大了发展中国家的财政压力，致使一些最不发达国家的经济状况持续恶化，并引发了严重的公共健康危机。例如，至2000年底，在全球感染艾滋病毒的3600万患者中，有近90%的患者生活在贫穷落后的发展中国家，绝大多数穷人由于无力购买昂贵的专利药品从而延误了治疗并扩大了感染群体，最终发生大概率死亡的悲剧。[①]

二是在土著民族、少数民族及其所在发展中国家享有的发展机会领

---

① Declaration on the TRIPs Agreement and Public Health, WTO Ministerial Conference, *Forth Session Doha*, 20 Nov. 2001, WT/MIN（01）/DEC/2.

域。二战结束以来,广大发展中国家在摆脱了西方国家的殖民统治成为独立的政治主体后,经济发展状况并没有随之明显好转。这是因为发达国家依旧凭借其政治、经济和科技优势,借助其国际规则制定者的强势地位,通过制定一系列的不公平的国际条约,直接或间接地从发展中国家攫取大量的财富,使得发展中国家不仅没有摆脱贫穷落后之苦,而且在经济社会发展方面与发达国家的差距越来越大。以传统医药为例,发展中国家拥有丰富的传统医药资源和相关传统知识。这些成本低廉、价格实惠的医药产品在发展中国家的日常药品消费中占有很大比例。然而,这些传统医药并没有像西药那样在知识产权的保护下得到充分发展。由于传统医药知识长期处于一定群体范围内集体共同享有的状态,且年代久远,个人发明者的身份已无据可查,因此无法满足现行专利授权的"新颖性"和"创造性"要求,继而也就无法得到现行知识产权制度的保护。不仅如此,这些宝贵的资源和知识反而成为西方医药科技的源泉之一。据统计,世界药品使用的119种植物活性成分中,74%起源于传统医药。可以说,发展中国家刚刚脱离政治奴役的牢笼,却又陷入经济奴役的泥潭。正是在这一背景下,改变旧秩序,独立选择自己的发展道路成为发展中国家的强烈呼声,并最终以"发展权"作为一项新的国际人权体现出来。1977年,联合国首次公开认可发展权也是人权的重要组成部分,并指出"发展机会均等,既是国家的权利,也是国家内个人的权利。"1986年联合国颁布的《发展权利宣言》,进一步指出:"发展权利是一项不可剥夺的人权,由于这种权利,每个人和所有各国人民均有权参与、促进、享受经济、社会、文化和政治发展,在这种发展中,所有人权和基本自由都获得充分实现。"由此可见,发展权强调的不再是以个人为中心的基本权利,而是以土著人、少数民族乃至国家等集体形式为概括性主体享有的基本权利。

三是在政治、经济和文化自主独立领域。发展中国家在呼吁平等发展机会的同时,也提出了自主决定命运的诉求。1966年联合国大会制定的《经济、社会和文化权利国际公约》,一定程度上实现了发展中国家的诉求。该公约第1条规定,"所有人民都有自决权。他们凭这种权利自由决定他们的政治地位,并自由地谋求他们的经济、社会和文化的发展。"在遗传资源领域，生物剽窃的现象之所以频繁出现，归根结底，是因为这些资源长期以来被归入了"公有领域"范围，缺少应有的权利和制度保护。虽然经过发展中国家长期的努力，国际社会承认遗传资源在一国内的主权地位，但是在产权制度缺失的情况下，发展中国家仍然无法从根本上自主决定外国公司对遗传资源开发利用的各种事务，也就无法真正改变遗传资源惠益分享失衡的状况。

综上所述，遗传资源专有权本质上关系到发展中国家主张的健康权、发展权和自决权等基本人权。这些基本人权不仅丰富了遗传资源专有权的内涵，也决定着遗传资源专有权的优位顺序价值。

二 制度空间：CBD 与 TRIPS 的体制协调

体制协调，"是解决国际法规范间冲突的重要措施，是不同国际体制之间为预防或消除彼此实体规范冲突所作的合作性安排"。[①] 2001 年 11 月 WTO 将"TRIPS 与遗传资源、传统知识保护之间的关系"列为多哈回合谈判 TRIS 理事会优先审议的议题，开启了 WTO 与生物多样性保护之间的体制协调工作，意图通过重新审查 TRIPS 的规则体系，确立在 TRIPS 框架下保护遗传资源的可能途径。虽然迄今为止该协调工作由于发达国家的阻力尚未取得实质性成果，但从国际社会探索出来并有一定立法尝试的制度成果来看，遗传资源专有权和知识产权的协调可以在 CBD 与 TRIPS 的互动互通中找到制度空间。

总体上看，CBD 与 TRIPS 在法律层面上没有相互排斥，都为对方的实施预留了一定的空间，这为遗传资源专有权与知识产权的一体保护和平衡实施提供了制度基础。例如，CBD 第 16 条中明确提到其对知识产权所持的态度，即一方面承认应对"知识产权的充分有效保护"，另一方面又要求缔约国要确保知识产权"有助于而不是违反公约的目标"，知识产权的保护应该支持 CBD。而 TRIPS 第 7 条规定，知识产权的保护和执法应当在"一定程度上有助于社会和经济福利，以及有助于权利义

[①] 古祖雪：《从体制转换到体制协商：TRIPS 的矫正之路——以发展中国家为视角》，《法学家》2012 年第 1 期。

务的平衡",且第 30 条规定了专利权的例外,承认成员国在涉及第三人合法利益时对专利权进行合理的限制。

但在具体条款上,情况要复杂得多。TRIPS 第 27 条涉及的是"可取得专利的事项"。该条第 1 款规定的实际上是专利授权的新颖性、创造性和实用性条件(以下简称"三性"),这项标准与发明的本身属性有关,已经成为各国专利法普遍认可的标准,因此不存在争议;第 2 款规定的是专利授权的社会属性条件,即对于违反公共道德和公共秩序的发明不能授予专利权;第 3 款进一步规定成员方可以排除动植物作为专利的客体。据此,有些国家如非洲国家集团主张应该反对动植物等生命体的可专利性。然而从实践来看,生命体的基因专利或植物育种者权等法律形式早已被发达国家承认,不可能有所改变。因此直接以修改第 27 条来融入 CBD 要求不太可行。

尽管如此,第 27 条的条文逻辑为我们证成 TRIPS 可以接纳 CBD 提供了帮助。这是因为,从该条三款规定的内容和逻辑顺序来看,第 2 款和第 3 款是对第 1 款的限制和补充,说明第 1 款规定的条件并不是专利授权的充分条件,而只是必要条件。在此基础上,专利法有很多限制条件。从专利制度的国家实践情况来看,确实有些国家把是否在专利申请时提供虚假信息欺骗专利局作为否定专利权的条件,但并没有因此而受到 WTO 的责难。这意味着 TRIPS 并未反对和禁止成员国在专利授权条件中增加一些限制要求。

普遍的观点是,TRIPS 第 29 条是最合适的体制协调条款。第 29 条规定的是专利申请披露的要求,"成员方应要求专利申请者用足够清晰与完整的方式披露其发明,以便于为熟悉该门技术者所运用,并要求申请者在申请之日指明发明者已知的运用该项发明的最佳方式"。发展中国家建议该条应作适当修改,在专利申请披露制度中增加专门的"遗传资源条款",即依赖遗传资源完成的发明创造在申请专利时应该提交下列证据作为授权的条件:一是已公开遗传资源的来源国、起源国的证据;二是依有关国内法的规定已获得相关主体或主管部门的事先知情同意的证据;三是依有关国内法的规定已进行公平的惠益分享安排的证据。这些限制条件正是创设中的"遗传资源权"的基本内容。但是,发达国家普遍反对通过专利制度来实施来源披露的强制性义务,并认为如果将事先知情同意和惠益分享作为专利授权的必要条件,会无谓地增加成本,使专利审批程序变得冗长复杂,阻碍对创新的投资,反过来也会影响惠益的实现。客观来看,发达国家反对的理由并非毫无道理。这些情况表明,从发展中国家利益的立场出发,在 TRIPS 中设立遗传资源条款很有必要,但也应该把握好限度的问题。

三 思路:同时降低垄断性

遗传资源专有权与知识产权作为均应当受法律保护的两项权利,既有表现为利益冲撞的对立的一面,又有人权意蕴相容的一面,并且在国际保护体制上也存在协调的空间,那么如何构建二者的协调保护规则呢?这需要我们先形成这样的思路:

首先,在保护标准上,二者都不能以否定或排斥对方的方式来取得优势地位,但有优先顺序。

人权定位的目的在于将知识产权和遗传资源专有权建构在统一的法律价值体系中,确立二者相一致的属性,以此作为协调的基础,即知识产权和遗传资源专有权都属于人权,都是人类生存和发展不可或缺的基本权利,具有神圣不可侵犯的崇高地位。无论是知识产权还是遗传资源专有权,都不能以否定或排斥对方的方式来取得竞争的优势地位。同时,我们也应该看到二者存在对立的一面。知识产权的保护对促进其他人权有着重要影响。这种影响有时是正面的,但有时也是负面的。联合国人权委员会已经认识到这一点,在 2000 年通过的《知识产权与人权》决议上,明确指出"由于 TRIPS 的履行没有充分反映所有人权的基本性质和整体性,包括人人享有获得科学进步及其产生利益的权利、享受卫生保健的权利、享受食物的权利和自我决策的权利,所以 TRIPS 中的知识产权制度作为一方,与另一方的国际人权法之间存在着明显的冲突",提醒 WTO 等国际组织要高度注意国际人权公约规定的义务。[1] 知识产权

---

[1] 参见[美]奥德丽·R. 查普曼《将知识产权视为人权:与第 15 条第 1 款第 3 项有关的义务》,《版权公报》2001 年第 3 期。

属于个人人权，以保护个人利益为宗旨；遗传资源专有权属于集体人权，以维护集体利益为目标。一般认为生命、健康和自由是维系人之生存的最根本的条件，是第一序位的价值，因此以生存权、健康权和自决权为人权内涵的遗传资源专有权的位置应该超过知识产权，尤其在国际知识产权不断扩张和强化的咄咄逼人的态势下，树立这种法律观更具有现实意义。

其次，在保护方式上，应该同时降低遗传资源专有权与知识产权的独占性，谋求遗传资源持有人与遗传资源利用人共赢的局面。

就权利创设的目的而言，遗传资源专有权的创始不是为了让发展中国家在与发达国家围绕知识产权保护标准的较量中分出胜负，而是为了给发展中国家应对现有的知识产权强保护、遗传资源弱保护之国际经济秩序提供新的制度工具，以矫正惠益分享不公平的旧秩序。因此，我们应该尽量避免遗传资源专有权像知识产权那样落入产权工具主义的境地，从而影响人类共同利益的实现。也就是说，遗传资源专有权不应当一味地谋求绝对支配或排他占有的垄断性权利设计。这种垄断性权利即使得到了实现，也会造成生物技术在遗传资源专有权和知识产权的双重垄断下陷入举步维艰的发展状况，不利于全人类共同利益的实现。相反，如果能从一定程度上降低这两项权利的垄断性，实现遗传资源领域内的合作共赢，那么无论对发达国家还是发展中国家都是可以接受的选择。

最后，在保护范围上，主要集中于遗传资源专有权中各项子权利对专利授权的影响关系，合理设计遗传资源各项子权利的边界。

由于使用遗传资源所获得的技术成果主要是用来申请专利，因此，遗传资源专有权与知识产权的协调主要表现为遗传资源专有权与专利授权的协调，即遗传资源专有权的保护必然涉及对利用遗传资源的专利申请和专利权行使的监督，以判断相关技术成果是否使用了遗传资源、使用是否符合来源披露、事先知情同意和惠益分享原则。以下笔者将从遗传资源专有权中各项具体实体权利与专利授权的关联角度，来考量遗传资源专有权对专利授权的影响和协调问题。

第三节　遗传资源专有权与知识产权
制度协调的规则安排

一　遗传资源知情权对专利授权的影响

（一）充分公开义务：来源披露制度下遗传资源知情权在专利法上的因应

知情权是遗传资源专有权人享有的一项重要权利，其内容是遗传资源持有人有权了解、知悉他人对自己持有的遗传资源的获取、使用、开发利用等情况。知情权不仅包含着遗传资源权利主体的人格、尊严等精神利益，更是实现权利主体经济权利的前置性条件，即遗传资源专有权人在不知道自己所持有的遗传资源被其他人占有和使用的情况下，其许可使用权和惠益分享权就无从谈起，更不可能实现。

根据CBD规定的来源披露原则，以遗传资源为基础的技术成果在专利申请时应公开披露遗传资源的来源，包括遗传资源的起源国和来源国。由此可见，遗传资源的使用人在专利申请时负有披露遗传资源来源的义务。那么这项知情权对遗传资源使用人申请专利有什么影响呢？遗传资源来源地公开要求是专利授权的实质条件还是形式条件呢？

专利法根据发明人在专利申请时的义务要求对专利授权的影响程度，分为实质条件和形式条件。所谓专利授权的实质条件，指的是为获得专利权发明创造本身必须具备的条件，如新颖性、创造性、实用性等因素。所谓专利授权的形式条件，指的是获得专利权必须具备的程序方面的条件，如提交文件的格式和时间要求等因素。一般来说，违反实质条件的，专利申请被驳回或专利授权后被撤销或宣告无效；违反形式条件的，先驳回专利申请，给予补正的机会，待修改满足条件时再予以受理。来源公开指的是申请人向主管部门提交信息，从本质上看与发明自身属性无关，因此不属于实质条件。但是，专利申请中还有一项重要的要求：充分公开。充分公开要求的含义是专利申请人提交的说明书必须对发明作出清楚、完整的说明，以达到所属技术领域的普通技术人员能够实现的程度，任何低于该标准的公开都不是充分公开，专利申请将被驳回，甚至在授权后也可以据此撤销。充分公开要求是专利制度的根本要求，也是专利申请的实质条件。这是因为，"专利"一词，从词源上看，具有"公开""敞开给人看"的含义。可见，专利的实质即在于其公开性和透明性。专利制度设立的目的，在于以独占性权利的授予来换取发明人向社会公开技术资料。充分公开是专利权人为获取独占性权利而向社会公众支付的一种对价。正是基于这种对价关系，是否充分公开以及公开的程度怎样都成为衡量一项发明能否获得专利授权的重要依据。

对于生物发明而言，专利制度通过来源披露制度来落实充分公开要求。当所属技术领域的技术人员为实施请求保护的发明而必须获取遗传资源，但所涉及的遗传资源不便于取得，且本领域的技术人员不了解其起源时，专利申请人便负有披露遗传资源来源的义务，披露的程度以该领域的普通技术人员能够根据该说明书实现该发明的技术方案为限。所以，遗传资源知情权在专利法范围内对应的是专利申请人的来源披露义务，而且对应的是专利授权的实质条件。

（二）合理发挥专利制度的监测作用：遗传资源知情权在专利法上的实现

综观全球范围内专利披露制度的设计，各国立法都将专利审批和授权与遗传资源来源披露相挂钩，但对未履行披露义务给专利申请或授权造成的影响则有不同做法。根据遗传资源来源披露对专利授权的影响，披露制度可划分为弱度、中度、强度三种方式。其一，弱度的来源披露制度，是指披露来源义务是值得倡导的、而非必需的，未履行或未适当履行披露义务，不会导致专利申请被驳回或专利权被撤销。代表性立法以欧盟国家为主，如欧盟 1998 年《生物技术保护指令》第 26 条规定：从人类遗传资源开发的发明创造申请专利时，必须根据国内法进行相关的披露。第 27 条规定：基于动植物遗传资源的发明创造，即使没有披露相关遗传资源的来源，也不会影响专利申请的效力。[1] 其二，中度的

---

[1] 杨远斌、朱学忠：《专利申请中遗传资源来源披露的若干问题研究》，《电子知识产权》2006 年第 2 期。

来源披露制度，是指披露义务是强制性的，未履行或未适当履行披露义务，将直接导致专利申请被驳回或专利权被撤销。许多发展中国家采用这种方式。如印度2005年修订的《专利法》中的第10条规定"说明书必须披露生物材料的来源和地理原产地"和第25条明确将"未披露或错误披露生物材料的由来和地理来源"作为拒绝授权专利的理由之一。[①] 其三，强度的来源披露制度，是指当发明创造的完成是利用了遗传资源的，专利申请人不仅必须披露来源，还必须提供已经获得来源地知情同意的文件，否则将承担专利申请不予受理、驳回或专利权被撤销、无效的不利后果。如哥斯达黎加1998年《生物多样性法》第80条规定："在批准涉及生物多样性组成部分的创新以知识产权或工业产权保护之前，国家种子办公室和知识产权与工业产权登记部门有义务与委员会专门办公室磋商。他们必须提供由委员会技术办公室出具的原产地证明和事先知情同意书。"

对此，笔者认为有几个关键问题值得思考。

首先，该披露义务是否符合TRIPS的规定？TRIPS第29条第1款要求专利申请人对发明创造进行充分说明，以使本领域的普通技术人员能够实施该发明。虽然该款并非主要针对利用遗传资源的发明的规定，但显然也是适用的。所以，无论是发展中国家还是发达国家都赞成在专利法中规定来源披露条款。即使是一开始持反对意见的美国最终也没有以违反TRIPS为由提出挑战。另外，据学者对美国、德国、法国和欧洲专利局500多份生物专利申请的调查统计，绝大多数申请者都提交了相关遗传资源的来源，[②] 这进一步表明国际社会普遍接受了遗传资源的来源披露义务。

其次，来源披露义务是否具有专利上的强制效力？是否应作为"可专利性"的实质条件？对于来源披露义务的效力，发展中国家和发达国家则分成两大阵营。发展中国家认为，在专利制度中增加一项来源地披

---

① 钊晓东：《遗传资源新型战略高地争夺中的"生物剽窃"及其法律规制》，《法学杂志》2014年第5期。

② 崔国斌：《知情同意原则的专利法回应》，《环球法律评论》2005年第5期。

露义务是对遗传资源利用的有效制约，它可以帮助成员国了解和监控他国对本国资源的获取和使用情况，所以印度、巴西等发展中国家在向TRIPS理事会提交的提案中明确提出披露义务应作为专利授权的实质条件。在国内法上，从印度、哥斯达黎加国内相关立法来看，对发展中国家来说，来源披露义务不仅是一项强制性的义务要求，而且作为"可专利性"的实质条件。而欧盟、美国、德国、挪威、瑞典等发达国家和地区则规定披露来源行为属于自愿行为，未披露或未遵守知情同意的规定不会影响专利申请或授权。值得一提的是，瑞士、丹麦的做法与前述发达国家有稍许不同。瑞士专利法没有直接使用"未披露不会影响专利申请的效力"等类似措辞，而是规定"未符合来源声明要求的，应在指定期限内补正，否则将驳回专利申请"，看起来像是采用实质条件的做法。然而，由于在来源披露要求的条款中规定了"如果发明人或申请人不知道（来源）则应作出相应声明"，申请人显然可以通过声称不知道而轻松摆脱披露来源的义务，所以该条规定仍不具有强制效力。而且瑞士专利法对故意提供虚假声明的专利申请人规定了处以10万以上瑞士法郎罚金的制裁措施。与此相类似，丹麦专利法也规定缺乏来源信息的不影响申请的审查和授权，但提供不实消息的行为将被视为"刑法典第163条所规定的向公共机构提供不实信息的违法行为"，应承担相应的刑事责任。也就是说，发达国家强烈反对将来源披露义务与发明的可专利性相挂钩，专利申请人未履行该义务的，不用承担专利上的不利后果，而是承担其他法律后果。

最后，各国对来源披露义务缘何有不同的态度和立场，我国应作何选择？来源披露义务及其强制力的设计反映的是各国对遗传资源保护的标准。这种标准实质上取决于本国占有遗传资源的丰富程度以及本国生物技术对外国遗传资源的依赖程度。专利法作为一项公共政策，当然在制度设计上体现的是国家利益的需要。由于直至目前，国际社会并没有像TRIPS那样对遗传资源的保护确立具有强制力的最低标准，所以各国在具体制度设计上都带有不同程度的国家利益偏好，各行其是。

我国作为遗传资源大国，为保护遗传资源安全，发挥资源优势，同众多作为遗传资源大国的发展中国家一样，专利法也采用了强制性的遗传资源披露制度。① 但笔者认为，问题并没有就此解决，因为强制性的披露制度有其积极的一面，但从效益角度，也会产生不利影响。

披露制度关系到遗传资源开发利用的交易成本，过于刚性的披露机制会带来遗传资源利用人对最终专利产品和专利技术较高的执行成本，也会影响到惠益分享目标的最终实现。英国 phytopham 制药公司总裁理查德·迪克西在反驳"生物剽窃"的指责时说"探明某种植物可以产生利润，但将其转化成产品是件非常费力费钱的事情，成本有时达到 2 亿到 5 亿美元。如果公司不能为此申请专利保护，就不会下这么大力气，而那些所谓的植物'所有者'就永远都不会有机会获得这些植物的经济利益。"由此可见，在驳回专利申请、不授予或撤销专利权的同时，原本可能产生的惠益也被牺牲掉了②。多年来，国际社会难以对遗传资源披露形成统一标准，并不是各国对是否设立披露制度存在分歧，而是对以何种形式规定披露制度存有争论。经过长期艰苦的谈判，国际社会终于在 2010 年通过了具有历史意义的《名古屋议定书》，其中很重要一项内容就是将对未能披露或不当披露的惩罚措施由以前的撤销专利或停止审查，变更为"施加制裁包括行政处罚、刑事处罚、罚款或适当的损害赔偿；也可以采用其他措施，包括撤销专利"③。这样的举措不失为发达国家和发展中国家为推进遗传资源利用而采取的一种妥协。不过，它为我们从降低成本角度，灵活设计披露制度提供了新思路。

总体来看，披露制度对一国保护物种安全、打击"生物剽窃"有重要作用，也是实现遗传资源知情权的重要保障。因此专利法必须坚持披露义务的强制性以及披露义务与专利效力相挂钩的机制，不能为了一味地降低成本，而排斥知情义务。但另一个很重要的事实我们不能忽视，那就是：由于在客体和目标宗旨上的巨大差异，遗传资源保护制度与专

---

① 我国《专利法》第 5 条第 2 款规定：对违反法律、行政法规的规定获取或者利用遗传资源，并依赖该遗传资源完成的发明创造，不授予专利权。

② 师晓丹：《我国专利法保护遗传资源的局限性与出路》，《知识产权》2014 年第 5 期。

③ Draft Decision to Enhance Mutual Supportiveness between the Trips Agreement and the Convention on Biological Diversity, TN/C/W/59, 19 April, 2011. 转引自师晓丹《我国专利法保护遗传资源的局限性与出路》，《知识产权》2014 年第 5 期。

利制度在理论机理和作用机制上有很大区别。无论如何，我们都不能以颠覆传统专利制度理论基础为代价来保护遗传资源，否则得不偿失。专利制度可以成为遗传资源保护的重要手段，但无法承担起保护遗传资源的全部重任，只能起到一定的"监测"作用，真正直接规定遗传资源获取和利用的应该是遗传资源保护的专门立法[①]。因此，专利制度应该对来源披露义务的"刚性"进行适度调试。我国的披露制度规定较为笼统，导致刚性太强，没有回旋的余地。对此，笔者认为应作两种调试：一是给予遗传资源利用人补正的可能性。规定专利申请人一旦未履行或未适当履行披露义务，可以在法定期限内进行补正，不影响专利的申请和授权；逾期未补正的驳回专利申请、不授予专利权或撤销专利权；二是细分披露义务的启动条件，不搞一刀切。遗传资源与所申请的技术发明、产品发明之间具有怎样的关系是个复杂的问题。遗传资源对发明创造的贡献度需要在具体的专利申请个案中予以确定。专利法应区分遗传资源利用的几种情况来规定披露义务的启动条件，如果遗传资源是发明创造产生的根本条件，则应披露；如果遗传资源只是发明创造产生的辅助条件，且对发明的实施没有影响，则无须披露。

二 遗传资源样本提取权和初始复制权对专利授权的影响

（一）初始复制和样本提取：许可使用的权属内涵

遗传资源样本提取权和初始复制权，在内涵上都要求对遗传资源的使用必须事先征得遗传资源专有权人的同意才可施行，未经许可不得使用，否则构成侵权行为。具体来说，科学家和生物公司在开发利用遗传资源时，首先的必经阶段是从生物遗传材料中发现和提取遗传功能信息，即带有基因 DNA 的脱氧核糖核酸链条，并在成功提取后，把它复制下来，记录在其他载体上。这个过程，笔者简称为样本提取和初始复制环节。如果没有这个环节，科学家和生物公司根本无法原始取得遗传信息。

许可使用的法律内涵对规制遗传资源的不当获取行为有十分重要的

[①] 孙昊亮：《论遗传资源获取与来源披露对专利授权的影响》，《法律科学（西北政法大学学报）》2009 年第 4 期。

现实意义。近些年来，欧美发达国家十分重视生物银行的建设。生物银行实际上就是生物材料样本库，里面储存着大量组织、血液、细胞、器官、DNA 等生物样本以及与其相关的临床、病理、治疗、随访、知情同意等资料及其质量控制、信息管理与应用系统。科学家在使用时，无须再到遗传资源原生境去漫无目的地寻找，而只要在生物银行中就可以找到多种多样的生物样本。遗传信息的取得还有另一种途径，那就是使用他人已经发现的生物遗传信息而无须再接触生物遗传的原始材料。对于后一种途径，因为没有接触和使用遗传资源的生物载体，更重要的是，从法律意义上脱离自然状态存在的遗传信息已经不属于遗传资源专有权的控制范畴，所以使用人无须征得遗传资源专有权人的同意即可进行。上述两种途径之所以能够实现，其根本原因在于遗传资源的样本提取行为和初始复制行为在过去的法律制度中都没有进行规范，使得这些未经许可的使用行为都可以成行。因此，为从源头上遏制遗传资源的不当获取，在法律上必须确立样本提取和初始复制须经遗传资源持有人的许可同意的权属内涵。

（二）未经许可不得使用：CBD 事先知情同意制度的要求

遗传资源样本提取权和初始复制权都具有遗传资源未经许可不得使用的意蕴。这种未经许可不得使用的内涵对应的是 CBD 上的事先知情同意制度。

事先知情同意制度不是由 CBD 首创。国际法上，事先知情同意的概念最早来源于危险物管理领域。1989 年《关于控制危险废物越境转移及其处置的巴塞尔公约》是规定知情同意原则和程序的第一项国际法文件。根据该文件规定，出口国在越境转移其废物时，应向有关越境国家发出书面通知并征得该国的同意。1998 年《关于在国际贸易中对某些危险化学品和农药采用事先知情同意程序的公约》赋予事先知情同意以法律强制力，并设置了具体程序。自此，事先知情同意原则得到国际社会的普遍认可和接受，并逐渐推广至其他国际事务。

国际公约运用事先知情同意的主要目的是为了平衡相关方的权利和义务。该原则实现的基础是国家主权原则，即承认每个国家拥有根据其国家的需要对进口危险物质的风险和效益进行分析以作出决策的权利，这与遗传资源在国家间的获取和利用不谋而合。CBD将曾经作为"人类共同遗产"的遗传资源界定为国家主权保护对象并确立惠益分享目标,主要目的是为了平衡生物多样性丰富的国家与生物技术进步的国家之间的权利和义务。事先知情同意是达至这一平衡目的的主要手段,它通过要求一方提供充分信息以赋予弱势一方以决策的主动权,来寻求公平合理的交易。这种作用就构成了事先知情同意原则在遗传资源国际保护领域的法理基础。

CBD第15条第5款规定:"遗传资源的取得须经提供这种资源的缔约国事先知情同意,除非该缔约国另有决定。"随后2002年《波恩准则》规定了事先知情同意的具体原则,包括法律上的确定性和清晰性;应有助于以最低成本获取遗传资源;对获取遗传资源的限制应该是有透明度的,并有法律依据;应得到提供国的国家主管部门的同意,还应酌情根据具体情况和按照国内法律取得所涉利益有关者的同意;等等。2010年《名古屋议定书》进一步确立了事先知情同意的主要内容,包括缔约国应对如何申请事先知情同意提供信息,答复的时间周期,获取时签发许可证书并通知资料交换等。① 除此之外,还要求缔约方应为特殊用途创造条件,例如为非商业研究目的简化获取措施等。②

这些规定具有很强的现实针对性,广受国际诟病的生物剽窃行为,其构成要件之一就是遗传资源的获取者事先未经遗传资源权利人或其所在国的同意,就以隐瞒或欺诈等不当手段获取资源,并最终利用专利制度达到独占利益的目的,从而严重损害遗传资源所在国的主权和相关群体的利益。对此,设置事先知情同意这一在先机制来作为对日后隐瞒行为进行专利反驳的"安全阀"十分必要。相应地,授予遗传资源权人许可使用权,要求遗传资源的使用人在使用前必须征得权利人的同意,就成为使用人在完成使用并以研发成果去申请专利时的前置程序。已有很多发展中国家对此进行了立法规定,例如,菲律宾第247号行政令第20条规定,在对遗传资源开发利用时,传统部族对这种开发有事先知情同

---

① 参见《名古屋议定书》第5条。
② 参见《名古屋议定书》第6条。

意权。该国《土著人权利法》第35条同样规定，经过有关传统社区依据其习惯法事先知情同意后，外方才能获取有关遗传资源及其保存、利用该资源的传统知识。《非洲示范法》将事先知情同意作为非洲各国批准获取资源的先决条件。安第斯共同体、东盟等区域立法将事先知情同意规定为核心条件，要求各成员国指定一个国家主管部门对遗传资源获取和利用的整个过程进行监督、参与谈判，并注意对地方社区的知情同意权提供保护。

（三）争议：权属瑕疵对专利授权的影响

遗传资源获取作为发明创造产生的前期条件，其权属瑕疵在多大程度上影响到技术发明本身的"可专利性"是一个值得推敲的问题。世界各国专利立法，一般均把违反法律、违背善良风俗、公共道德等的发明创造排除于专利保护的范围之外。例如，英国《专利法》第1条规定："有可能鼓励违法、不道德或违反社会行为产生的发明不得授予专利权"。日本《专利法》第32条第2款把"有害于公共秩序、良好的习俗或公共卫生的发明"排除在可授予专利的对象以外。我国《专利法》第5条规定："对违反法律、社会公德或者妨害公共利益的发明创造，不授予专利权。对违反法律、行政法规的规定获取或者利用遗传资源，并依赖该遗传资源完成的发明创造，不授予专利权。"

将违反法律、善良风俗、公共道德的发明排除于专利授权之外，似乎无可厚非，符合专利制度创建的初衷。但是，这个极为原则的规定在实践中操作起来并不那么容易。首先是对违反的法律和社会公共利益范围的抽象界定，其次发明本身是把"双刃剑"，很难界定纯粹坏的发明和纯粹好的发明。

从逻辑上分析，发明违反法律的情形主要包括两种类型：一种是发明的目的违反法律强制性规定的情况。例如发明用于吸毒的生物制剂和用于医疗作用的兴奋剂相比，两个发明对象本身并没有太大区别，但两个发明的目的却有本质不同而导致专利授权的后果不同：前者因违法性目的而被排除在专利保护范围之外，后者因合法性目的而可以获得专利保护。另一种是在发明过程之前取得的物质技术条件的违法性。一项发明创造可以分为发明前、发明中和发明后三个阶段。发明人在发明前通常需要准备一定物质技术条件，其中很重要的一个方面就是占有和获取某种物质材料。合法占有和获取的物质材料当然是完成发明创造的前提条件。但是非法占有和获取他人的物质材料是否一定会导致发明创造不能受专利保护呢？对此，学术界一般认为，专利制度只解决技术方案本身的"可专利性"问题，即是否符合新颖性、创造性和实用性（简称"三性"），而权属瑕疵与该问题无关，因此不应该影响技术方案的专利授权。例如，即使有人偷盗机器而进行发明创造，但只要该发明创造符合"三性"要求就可以受专利权保护。据此，有学者认为"在遗传资源方面，道理也应该一样"。①还有学者提出"在专利主题范畴内设置'非法获取利用不授权'条款的理由不充分，甚至有违反 TRIPS 协议之嫌"。②由此看来，大部分学者主张遗传资源获取的权属瑕疵不应该影响以此为基础的专利授权。但是，笔者认为这样的逻辑推演在遗传资源领域内不能成立。

一般而言，发明创造在诞生前涉及的物质材料准备，如果存在权属争议，确实不应影响发明创造自身的专利可授权性。但是，这只是对于一般发明创造的物质材料准备而言的，对以遗传资源为基础的生物发明来说并不适用。这是因为，以遗传资源为基础的发明有其特殊性，该特殊性是由遗传资源的唯一性价值所带来。遗传资源的唯一性价值可以从两个方面的关系来理解：

一是遗传资源与生物材料的唯一对应性关系。遗传功能信息是基因中的特定碱基序列代表某种性状的表达方式，因此遗传资源不能脱离生物材料而独立存在。虽然遗传信息破译后，科学家对遗传资源的利用可以脱离原遗传资源物质载体，但是作为智力劳动介入并产生智力成果的最初源头在于遗传资源对生物材料的依赖性。每个基因都有其特定的碱基序列，正如世界上没有两片相同的树叶一样，由特定碱基序列表达性状的遗传资源信息本身也是独一无二的，它与作为载体的生物材料之间

---

① 孙昊亮：《论遗传资源获取与来源披露对专利授权的影响》，《法律科学（西北政法大学学报）》2009 年第 4 期。

② 严永和：《传统资源保护与我国专利法的因应》，《知识产权》2007 年第 3 期。

是唯一的对应关系。

二是遗传资源与生物技术的本源性关系。遗传资源是某一生物种群经过上亿年时间的遗传变异演化而来的关于其生命体征的遗传信息的集合体,具有不可再生性。现代生物技术源于遗传资源信息的破译,而遗传资源信息破译的关键在于对遗传资源物质的研究并绘制基因序列表。可以说,研究者发现了遗传资源物质表达的遗传资源信息,并且找到了利用该遗传资源信息的方法,这就是现代生物技术即基因技术。基因技术的成果,就是根据生物体上某一遗传资源信息片段与某一特定生物体征之间的对应关系而提取的载体。不容否认,基因技术包含了人类的智力劳动,因而其成果应该得到知识产权的保护。但是,这种智力成果以遗传资源为物质基础才能产生。脱离遗传资源提供的遗传信息,人们不可能想当然地绘制基因序列,更不可能找到利用该基因序列的方法。所以生物技术的获取有赖于对遗传资源的占有。正如有学者所言,当代生物技术产生的特点之一,就是对资源的依赖性与资源的信息化。这决定了生物技术时代,谁掌握了地球上有限的遗传资源,谁就能在生物经济的发展中取得主动,从而成为新的财富拥有者。[1]

综上所述,遗传资源的唯一性价值决定了遗传资源不能被视为普通的材料对待,遗传资源获取也不能等同于一般意义上的物质材料准备。遗传资源具有特殊性,该特殊性在专利法上的意义就在于遗传资源获取阶段的权属瑕疵会直接影响该技术成果的可专利性。

(四)结论:遗传资源许可使用的"可专利性"条件地位

遗传资源的特殊性决定了遗传资源的许可使用(主要是遗传资源样本提取和初始复制的许可使用)应作为以遗传资源为基础的发明申请专利的实质条件。不仅于此,基于遗传资源的不可再生性和无形性,一国的生物遗传资源一旦在不知情或未经许可的情况下被盗用,对该国造成的损失巨大,遗传资源所在国和遗传资源权利人必须完全掌控其获取和利用情况。因此,遗传资源许可使用权作为专利授权的实质条件不仅应

---

[1] 参见朱学忠、杨远斌《基于遗传资源所产生的知识产权利益分享机制与中国的选择》,《科技与法律》2003年第3期。

该坚持，而且要作为绝对刚性的实质条件坚持。

当然，为节约行政成本，减轻申请人的负担，专利法应当对授权同意证据审查所需要提交的文件范围和形式作出详细和明确的规定，并且应当尽量缩小该文件的数量和范围。最后，应确立审查的合理期限，审查机关逾期未作出意见的视为审查通过。

三　遗传资源惠益分享权对专利授权的影响

（一）能否直接以惠益分享权为由提出专利权共有的主张

惠益分享既是 CBD 明确制定的目标，又是清晰指向的要求。例如，CBD 第 1 条规定了公约的目标是保护生物多样性的可持续发展、公平合理分享遗传资源产生的惠益，并指出技术转让可以作为惠益分享的一种形式。第 16 条又再一次专门提及缔约国可以酌情采取立法、行政或政策措施来实现以技术转让为惠益分享形式的目标。第 19 条还进一步指出缔约国应保障遗传资源提供国参与研究活动，在共同商定的条件下，遗传资源提供国尤其是发展中国家应优先取得生物技术产生的成果。类似的条款还有很多，由此观之，CBD 其实只是为惠益分享搭建了一个基本的制度框架，把如何界定惠益、如何分享惠益等解释权都赋予了各个缔约国。

实践中，惠益的形式各种各样，既有货币型惠益又有非货币型惠益。例如，遗传资源获取费、开发费、提取样本费、参与农民的工资等等都是以使用人直接支付现金的形式体现，而为当地科研人员提供培训、转让技术和设备、进行基础设施建设等等则都是较为常见的非货币惠益类型，其中以专利权共有的非货币惠益最为引人瞩目，也最容易引起争议。相比前几项惠益形式而言，专利权共有对遗传资源使用人的负面影响最大，对遗传资源专有权人的积极作用则最强，它使得上游的权利主体可以通过合法的形式直接参与到下游产业的利益分配，且与下游的权利主体享有同样的法律地位和话语权。这对发展中国家来说确实不失为最有力的惠益分配和保障形式。作为遗传资源管制力度最强的印度就在其《生物多样性法》第 21 条规定，生物开发者必须授予国家生物多样性总局以知识产权的共同所有权。

然而，这种惠益分配形式的法理基础不无疑问。知识产权是保护创新的法律，私人享有权利的基础在于创新型的智力劳动。在以遗传资源为基础的生物发明中，发展中国家只提供了发明的关键原材料，并没有贡献任何创新型智力劳动，因此不应该享有专利权，否则将破坏知识产权制度的根基，在国际上也缺乏说服力。例如，美国国家癌症研究所在其《谅解备忘录》规定，如果提供国的机构利用该所临床前实验数据提取出了对开发具有重大意义的生化成分，那么该机构可以选择对该项生化成分单独申请专利保护，美国国家癌症研究所不能作为专利权共有人提出主张。可见，美国认为取得专利权的唯一依据就在于创新型贡献，与诸如机构性质、机构地位等因素没有关系。

笔者认为，遗传资源专有权人不能以惠益分享权为依据直接主张专利权共有，只有在参与研发、作出智力贡献的情况下，才能提出专利权共有的惠益分享主张。一个可行的做法是，遗传资源所在国可以通过参与权的行使（详见本书第四章关于权利内容的论述），确保本国研究人员或当地代表社团切实参与生物发明的研发，从而为后期专利权的共享创造前提条件。

（二）惠益分享要求在专利法上应作为何种条件

虽然遗传资源专有权人不能直接主张专利权共有的要求，但是其惠益分享的整体诉求应该在生物发明中得到体现和保障。换句话说，以遗传资源为基础的专利权及其衍生市场所带来商业利益的一部分必须作为回报或使用的对价，分配给遗传资源专有权人，这一点发展中国家和发达国家已经达成共识，争议的焦点只是分配比例问题。然而双方对惠益分享要求在专利法上应作为何种条件，是实质条件还是形式条件，抑或专利法不作要求，存在严重分歧。巴西、印度等国建议遗传资源利用人在提交专利申请时应当提交证据证明其已经与遗传资源所在国和相关主体对惠益分享问题作出了合理的安排，否则驳回专利申请。欧美等发达国家则强烈反对这一建议。

笔者认为，这一建议虽然能最大限度保障发展中国家利益，但缺乏可行性，从长远来看甚至会带来阻碍人类技术进步的消极后果。首先，专利审查机关无法实质判断双方惠益分享协议是否合理。专利权授予后到实际的商业利益产生还有一段很长时间的间隔，这其中还要经受产品的副作用检验、市场的认可度、专利权执行效率等诸多因素的挑战。例如,美国辉瑞公司在提取了桑人拥有的蝴蝶亚仙人掌(hoodia)的有效成分并成功获得专利后,并没有马上打开市场销路,反而在后期因检测出该产品的副作用后而一度受挫,只得再通过几年的产品转化策略才获取了市场收益。① 所以,在专利申请前,可产生的惠益的价值是难以确定的。在此基础上,专利审查部门无法凭借客观数据来判断惠益分享的比例是否公平合理。其次,由于惠益分享通常是通过协议安排,属于当事人意思自治的领域,专利主管机关介入主观范畴将损害合同自由。再次,惠益分享的前置程序将使专利申请程序复杂化。专利审查机关对惠益分享合同进行审查可能带来两种情况:要么得穷尽一切手段,要么就敷衍了事,无论哪种做法其实都对合同审查意义不大。最后,惠益分享的谈判实际上已经包含在事先知情同意的程序中,无须再另外审查。如前所述,事先知情同意是应对"生物剽窃"的核心程序,是追踪惠益分享的基础。实践中,当遗传资源利用国在向遗传资源提供国的主管机构和相关利益主体申请许可使用证时,双方就已经为后续的惠益分配事宜进行了谈判,谈判的结果往往直接影响许可使用证的签发,所以当我们将事先知情同意作为专利申请的强制要求时,在一定程度上就已经对惠益公平分享进行了法律约束,无须再另外做强制安排。

因此,披露惠益分享证明的强制性要求在遗传资源专利申请中没有意义,即使给予申请人修正补充的机会也意义不大,所以既不应作为专利授权的实质条件,也不应成为专利授权的形式条件。专利法对此应不做规定,即专利申请人没有义务提交惠益公平分享的证明文件。

---

① European Community, Second Report of the European Community to the Conference of the Parties of the Convention on Biological Diversity: Thematic Report on Access and Benefit-sharing, October 2002, pp. 34-38.

第六章

我国遗传资源专有权保护的困境和对策

第一节 我国遗传资源保护的总体现状和主要问题

一 总体现状

（一）遗传资源持有和利用现状

我国是世界上生物多样性最为丰富的12个国家之一，拥有高等植物3万余种，居世界第三位，仅次于巴西和哥伦比亚；有脊椎动物6千多种，占世界总量的近七分之一。我国生物遗传资源储量巨大，据统计，有栽培作物1339种，其野生近缘种达1930个，不仅是水稻、大豆等重要农作物的起源地，而且也是野生和栽培果树的主要分布中心。

我国遗传资源丰富的原因主要有三点：一是地域辽阔，海域宽广，拥有森林、草原、丘陵、荒漠、湿地、海域等众多自然生态系统。如此丰富的地理条件，使遗传资源也呈现出多样性。二是有7000多年的农业历史，不仅形成了形式多样的耕作制度，还产生了极为丰富的农作物和驯养动物遗传资源。三是民族众多，各民族生活在不同的地理环境，千百年来当地农民为确保种子供应的安全性已经成功筛选并保存大量地方品种，使民族地区成为我国特色农业遗传资源的宝库。

然而，随着人类活动影响的扩大，我国生物多样性正面临着来自工业化、城镇化、环境污染、单一品种种植等各方面带来的威胁，由此产生野生生物生态环境退化、传统品种丧失、遗传资源流失等一系列问题。具体表现为：首先，由于铁路建设、公路建设、城镇化建设等原因，我国自20世纪50年代以来湿地开垦、草地开垦面积不断扩大，造成野生动植物栖息地环境破碎化，直接威胁生物种群繁衍；其次，环境污染带来气候变化，生物种群数量急剧下降；再次，随着新品种的开发和推广，栽培作物集中在少数几个品种之上，许多传统地方品种遭到淘汰。以小麦和水稻为例，20世纪50年代，我国种植的小麦品种约1万种，且多是地方品种，现今种植的品种只有400个左右，而外来品种已占一半以上。广西贵港曾是世界上最大的野生水稻原生地之一，如今这里的野生水稻已不见踪影。云南景洪、思茅等地的野生水稻95%以上已经灭绝。最后，由于重视不够、管理不善等原因，一些重要的遗传资源被外国科研机构或跨国公司不法盗用或侵占。

我国丰富的生物多样性和大量的遗传资源，不仅提供了必要的生活物质、工业原料和天然药物，而且为科学研究、生物技术发展提供了宝贵的材料。20世纪70年代，我国著名的水稻育种专家袁隆平利用从海南发现的野生稻不育株与栽培种杂交，成功发明了水稻的杂交制种技术，为中国和世界粮食安全作出卓越贡献。20世纪80年代以来，我国生物技术产业发展迅速，从动植物中寻找活性成分成为我国生物技术发展的主要契机。不过可惜的是，这些成果绝大多数没有进入商业开发的最终阶段，而是被实力雄厚的跨国公司买走，成为外国生物技术领域的重要资源。目前，我国生物技术发展水平总体上处于发展中国家的领先地位，与发达国家的差距也在不断缩小。

（二）政府投入现状

作为CBD缔约国，我国政府高度重视遗传资源保护，推动生物多样性的可持续利用。2010年，政府发布了《中国生物多样性保护战略与行动计划（2010—2030年）》，对建设生态文明和美丽中国作出了部署，构建了比较全面的生物多样性保护体系。从保护手段来说，可以分为三个方面。

1. 就地保护和移地保护

自然保护区是就地保护功能区中的关键区域。我国政府建立了以自然保护区为主体，森林公园、湿地公园、海洋公园、农业野生植物保护点、种质资源保护区等为补充的保护系统。截至2013年底，全国共建成各种类型、不同级别的自然保护区2697个，面积约146.3万平方千米。有效保护了我国90%的陆地生态系统类型、85%的野生动物种群和

65%的高等植物群落，涵盖了25%的原始天然林、50%以上的自然湿地和30%的典型荒漠地区。

2. 扶贫工程

我国生物多样性丰富的地区，往往也是贫困地区。2011年，中国政府颁布实施了《中国农村扶贫开发纲要（2011—2020年）》。该纲要明确提出，要充分发挥贫困地区的资源优势，坚持扶贫开发与环境保护相结合，优先考虑贫困地区的生态建设和生物多样性保护。根据纲要，政府建立了生态补偿机制，在贫困地区继续实施退耕还林、退牧还草、再生能源、移民搬迁等工程。

3. 科学研究和国际合作

为支持有关保护和持续利用遗传资源的研究工作，我国大力搭建自然科技资源平台，如动植物、微生物等种质资源的调查和收集平台、实物和信息共享平台等，并积极参与国际多边体系建设，与各国建立广泛的合作和交流渠道，为推动CBD在国际层面的发展和履约进程作出力所能及的贡献。

（三）立法现状

2019年3月国务院颁布了《人类遗传资源管理条例》，首次明确了我国人类遗传资源的归属和使用秩序，这对生物遗传资源法规体系的建立有重要借鉴意义。我国目前尚没有遗传资源的专门立法（本文的"遗传资源"指代的是不包括人类的生物遗传资源，见"导论"），与遗传资源保护和利用有关的法律规定主要散见于《森林法》《草原法》《种子法》《渔业法》《畜牧法》《野生动物保护法》《野生药材资源保护管理条例》《野生植物保护条例》和《农作物种质资源管理办法》等关于生物资源的法律法规中。这些法律法规为我国遗传资源专有权保护提供了一个整体的制度框架，主要包括归属制度、获取和转让制度以及惠益分享制度。

1. 归属制度

我国《宪法》为生物资源归属确立了国家所有和集体所有的基本原则。如《宪法》第9条规定，除开由法律规定属于集体所有的以外，矿藏、水流、森林、草原等一切自然资源属于国家所有。生物资源属于自然资源是毋庸置疑的,因此应适用该条规定。

在动物资源归属方面,我国法律区分野生动物和非野生动物进行规定。就野生动物资源而言,我国《野生动物保护法》规定,珍贵、濒危的陆生、水生野生动物和重要生态、科研和社会价值的陆生野生动物属于国家所有。[①]《森林法实施条例》规定,依托森林、林木、林地生存的野生动物,属于国家所有。如此看来,除森林领域之外的和经济价值较小的野生动物,我国绝大多数野生动物资源都属于国家的财产。至于非野生动物,在实践中主要表现为农民饲养的牲畜,参照我国《民法通则》的规定,可以合法成为个人的财产,[②]因而这类资源主要是私人所有。

在植物资源归属方面,我国主要参照《森林法》和《土地管理法》的规定。《森林法》规定林地以及林区内的野生植物属于国家所有。《土地管理法》规定土地的国家所有和集体所有两种模式,相应的在其土地之上的植物资源也存在国家所有和集体所有两种归属。

2. 获取和转让制度

对于野生动物和野生植物的获取,我国实行的是分类许可制,即区分重点保护对象和非重点保护对象分别授权。对于国家重点保护的野生动物,我国原则上禁止猎捕,但规定以科研、驯养、繁殖、展览或其他特殊需求为例外。对于非重点保护的野生动物,不论出于何种目的,必须向野生动物行政主管部门申请狩猎证,然后按照许可的种类、数量、地点等要求进行猎捕。例如,我国《渔业法》规定,禁止捕捞有重要经济价值的水生动物苗种。因养殖或其他特殊需要捕捞的,须经国务院或省级渔业行政主管部门的审批。[③]同样,对于国家重点保护的野生植物(称之为一级野生植物),我国原则上也是禁止采集,但规定以科研、人工培育、文化交流为目的的除外。国家二级野生植物的采集须经省级野生植物行政主管部门的批准。例如,《野生药材资源保护管理条例》对

---

① 参见《中华人民共和国野生动物保护法》(2016年)第2条、第3条。
② 参见《中华人民共和国民法通则》第75条。
③ 参见《中华人民共和国渔业法》第23条、第31条。

采药证、采药范围等都有明确规定。①

对于野生动物和野生植物的转让,我国实行的也是分类许可制,即根据受保护程度的不同而有不同的授权要求。国家一级、二级保护野生动物的转让须经国务院或省级野生动物行政主管部门的批准,除此以外的野生动物,交易管制相对宽松,允许单位或个人自由出售。野生植物的转让也大抵如此,只是有一点不同:国家一级保护野生植物资源绝对禁止出售,二级保护的,须经省级野生植物行政主管部门批准后方可出售。同时,我国《野生植物保护条例》规定未定名的或者新发现并具有重要价值的野生植物资源,一律禁止对外出口。②

3. 惠益分享制度

无论是关于生物资源的法律还是行政法规、部门规章或地方性法规,都很难找到关于遗传资源利用的惠益分享规定。只有《畜牧法》第16条规定:"向境外输出或者在境内与境外机构、个人合作研究利用列入保护名录的畜禽遗传资源的,应当向省级人民政府畜牧兽医行政主管部门提出申请,同时提出国家共享惠益的方案;受理申请的畜牧兽医行政主管部门经审核,报国务院畜牧兽医行政主管部门批准。"但该条文没有对惠益分享方案的内容作出进一步的说明。

二 主要问题

(一) 现行法律缺少遗传资源专有权的确认与保护机制

我国现行立法尚未确认遗传资源专有权的保护制度,这表现为:首先,立法多是从物权视角对遗传资源保护制度进行设计,缺乏对遗传资源的定义,忽略了遗传资源本质的信息属性,无法与 CBD 的概念和机制形成对接。例如,《种子法》《渔业法》和《农作物种质资源管理办法》将保护对象称为"种质资源",《野生药材资源保护管理条例》称为"野生药材资源",《野生动物保护法》称为"动物资源",《野生植物保护条例》称为"植物资源",等等。这些法律没有遗传资源的概

---

① 参见《野生药材资源保护管理条例》第4条、第6条、第8条、第9条。

② 参见《中华人民共和国野生植物保护条例》第20条。

念,而且概念使用很不统一。

其次,现行法律对遗传资源归属的规定简单粗陋,主要规定为国家所有。例如,根据《野生动植物法》,野生动物资源单一地归国家所有,根据《森林法》《草原法》《野生植物保护条例》和《野生药材资源保护管理条例》等法律法规,野生植物资源以其栖生地的土地所有权来进行归属划分,栖生地的土地属于国家或集体的,则栖生地上的野生植物资源相应归国家或集体所有。国家对国家重点和地方重点野生植物实行采集证管理,而对一般的野生植物品种和农民直接种植的植物种质资源,作为可自由获取物品来处置。

最后,现行法律法规多采用公法规范,缺乏私法规范。例如《种子法》第10条明确规定,国家对种质资源享有主权,种质资源向境外转让的须经国家农业、林业主管部门的审批。上述《畜牧法》第16条提及的国家共享惠益方案也仅从国家管理主体的角度进行设计。可见,我国关于遗传资源的知情同意和惠益分享采用的是公法管理思维,只及于国家,而不及于作为与之利益密切相关的私人主体,在遗传资源之上尚未设立私权概念,私人群体对遗传资源主张权利和利益缺少法律依据,遗传资源专有权保护的激励机制还没有形成。

(二) 政府和民众对遗传资源财产价值评估失当

从生物学角度,并非所有生物资源都可以称为遗传资源,只有那些具有特殊基因性状的生物资源才能被称为遗传资源。遗传资源的重要价值不在于其有形的生物材料载体,而在于其内部的基因信息,需要通过一定的科学方法才能加以甄别。实践中,遗传资源丰富的地区多是远离现代文明、环境相对封闭的落后地区,在我国尤其是偏远的少数民族地区蕴藏着大量的遗传资源和传统知识。然而,由于这些地区教育资源、科技人才和咨询机构稀缺,信息封闭,当地民众普遍对自己保有的遗传资源价值无法识别,即使是当地政府也因为相关技术力量薄弱,也缺乏对当地遗传资源价值的认识,从而造成资源闲置甚至灭失。例如,野生水稻的品种非常稀有,目前全世界的野生水稻只有22种,其中我国有3种。作为水稻栽培改良的基因基础,野生水稻的科研价值和经济价值极高。我国广西有60多个县发现有野生水稻分布，是我国野生水稻最丰富的地区。但是由于对野生水稻价值认识的不足，当地政府对保护这一资源缺乏热情，当地农民认为它没有任何实用价值，常常把它当作杂草除掉，导致野生水稻在该区域的分布正面临减少的趋势。①

（三）传统扶贫工作往往不重视对遗传资源的保护和利用

在我国生物多样性保护工作中，扶贫工程是政府投入的重要组成部分。政府希望通过环境保护来发挥贫困地区的资源优势，并转化为当地的发展优势和经济福利。然而，在以往的扶贫工作中，由于对遗传资源价值的认识不足，政府在扶贫方向和手段上不仅不重视保存和保护遗传资源，反而出现破坏生物多样性环境的做法。政府职能部门往往打着"城镇化建设""现代化建设"的旗号，重视开发房地产项目或旅游项目，毁山伐林，盲目引进外来品种，使传统部族或社区放弃世代相传的独有的耕种方式和地方品种，破坏生态环境。例如，居住在西双版纳的哈尼族，一直以轮歇农业闻名，历史上曾经形成100多种旱稻品种的轮歇耕种体系。当地政府在推进山区扶贫工作的同时，没有对当地生物多样性保护提供足够的关注，大面积的毁林开荒，导致土地多样性减少，与之对应的是稻谷品种也大为减少，致使这一宝贵的资源财富正逐渐消失。②再如，云南省境内的独龙族，是我国特有的一个少数民族，人口不足万人（2014年数据统计）。其居住区由于地处崇山峻岭之中，条件恶劣，交通闭塞，生产力水平极低。但正是由于相对封闭的自然环境，远离现代文明的干扰，当地特有的植物物种非常丰富，是云南省生物多样性最为丰富的区域之一。自古以来，独龙族的生产以传统农业为主，打猎、捕鱼、采集为辅。当地政府在开展扶贫工作中，只重视对农户的粮食补助，忽视植物种源的保护和利用，在解决了基本的温饱问题同时，却带来一个致命问题：绝大多数农户认为国家的退耕还林政策解决

---

① 《全国仅3种野生水稻广西有2种，专家建议建保护基地》，载广西新闻网，http：//news.gxnews.com.cn/staticpages/20110912/newgx4e6d4f62 - 4122535 - 1.shtml，最后访问日期2017年2月16日。

② 薛达元主编：《民族地区遗传资源获取与案例分享研究》，中国环境科学出版社2009年版，第34页。

了粮食问题,因此不愿意再从事传统的费时费力的轮歇耕种,导致曾经保有的传统独特的作物品种逐渐减少。而国家扶贫项目如养牛、养羊等,由于各种原因没有得到长久发展,农户的收入未显著提高,宝贵的地方粮食种源却已流失,若要重新保有还不得不去邻近的缅甸借种。①

第二节 构建我国遗传资源专有权保护制度的几点思路

一 发挥精准扶贫战略对遗传资源专有权保护制度的发展契机作用

我国有约7000万农村人口生活在贫困线以下(2015年国家统计局数据),扶贫工作依然面临着艰巨的任务。我国最贫困的地区在民族农村地区。2014年我国八省区民族农村贫困人口为2205万人,占全国农村贫困人口的31.4%②。正因为民族地区贫困人口体量大、程度深,所以少数民族的脱贫关系着我国"五年脱贫目标"的实现。没有民族地区的脱贫,就不可能有全面建成小康社会目标的实现。"全面建成小康社会,少数民族一个都不能少,一个都不能落后",习近平总书记的重要指示为民族地区的脱贫工作指明了方向、注入了动力。

2014年初,党中央出台了精准扶贫战略,对扶贫工作提出了新的要求,颁布了两个重要指导文件《关于创新机制扎实推进农村扶贫开发工作的意见》(中办发〔2013〕25号,以下简称《意见》)和《建立精准扶贫工作机制实施方案》(中办发〔2014〕30号,以下简称《方案》)。

精准扶贫是中央在对过去粗放式扶贫工作的总结反思的基础上进行的创新和加强。长期以来,我国扶贫工作的主要特点是区域瞄准,以区域为单位,重点改善贫困地区的生产生活条件,通过基础设施建设和公共服务改善来提高当地的生产效率,目的是为了使当地农户能够以更高

---

① 薛达元主编:《民族地区遗传资源获取与惠益分享案例研究》,中国环境科学出版社2009年版,第41页。
② 李昌禹:《民族地区农村贫困人口去年减少357万》,《人民日报》2015年4月16日。

效率的创收活动，增加收入，摆脱贫困。然而，随着宏观经济环境的变化，以区域开发为重点的扶贫工作出现了目标偏离、造血功能弱等问题。由于没有识别到户，缺乏对贫困群体的细致研究，这种粗放式的扶贫手段使得许多真正的贫困者被排斥在扶贫体系之外。已有较多的实证研究表明在扶贫实践中出现了扶贫资源向经济基础好、容易出政绩的村寨倾斜，而真正的目标群体被排除在外的现象，这种现象被学者称为"精英捕获"[①]。"输血式扶贫"不仅流于形式，反而使得贫困群体对外界援助的依赖性增强，难以刺激和生成贫困者内在的脱贫动力和"造血"能力。为此，精准扶贫一改过去"大水漫灌"的做法，从"粗放式"向"精准化"转变，强调以精确识别为手段实现精准帮扶目标，即通过一定方式将低于贫困线的家庭和人口识别出来，建档立卡，同时找准这些人的致贫原因，因户、因人采取有针对性的扶贫措施，消除脱贫的关键障碍。精准扶贫的核心词是"精准"，强调因人施策、因地制宜，有针对性地创新帮扶机制，不再拘泥于以区域为目标的宏观建设，而是切实关注目标群体的现实需求，从政策、法规、项目等方面给予扶助。

经济发展落后的民族地区，恰恰也是生物遗传资源和相关传统知识最为丰富的地区。我国地域辽阔、生态环境复杂多样，各民族生活在不同的地理环境，几千年来为适应环境的变化，当地农民为确保种子供应的安全性已经成功筛选并保存大量农作物品种。民族地区已经成为我国农业遗传资源的宝库。但与此同时，我国农作物品种正以每年15%的速度递减。因此，民族地区保护遗传资源的任务十分艰巨。

在生物科技的带动下，生物遗传资源和相关传统知识已经成为一种稀缺物品，作为生产要素进入市场配置环节，成为各国农业、医药业、化工业的基础性资源，被称为技术创新源头的"绿色黄金"。据统计，

[①] 左停、杨雨鑫、钟玲：《精准扶贫：技术靶向、理论解析和现实挑战》，《贵州社会科学》2015年第8期。

源自遗传资源的商品的全球市场价值在 5000~8000 亿美元。[①] 遗传资源的经济价值越来越多地被世界各国所认识，生物技术领先的国家开始进行大规模的商业性开发利用，并利用现有知识产权制度从生物衍生产品中赚取巨额利润。然而现实中遗传资源作为稀缺财富并没有成为我国民族地区的经济增长点，少数民族群众亦没有从中分享知识产权红利。究其原因是因为我国现有遗传资源保护制度还存在很多不足，亟待完善。

民族地区受益于遗传资源，不是基于任何捐助或施舍，而是基于遗传资源持有人对其拥有的遗传资源所享有的权利，否则任何基于遗传资源的惠益分享都只是一种理想，在法律上没有强制性。因此有必要从学理层面和立法层面研究民族地区在遗传资源方面的权属性质和权利行使问题。遗传资源是我国少数民族地区的优势资源，根据这一现实条件，在精准扶贫战略的支持下，民族地区在遗传资源专有权保护制度的建构上可大有作为。我们应利用好现有制度中的"保种经费项目"和地理标志制度以促进物种保存、保护以及实现资源的经济效益，并结合民族自治地区的立法权优势，探索《民族地区遗传资源专有权保护条例》的早日出台，从而为遗传资源真正成为民族地区的财富提供制度保障，也真正使目标贫困人口直接受益，实现精准扶贫。

二 遗传资源立法基于资源优势和科技发展协调并行的定位

在遗传资源专有权保护问题上，中国有两个重要的角色定位。一方面中国是遗传资源丰富的国家，在国际层面上是建立遗传资源专有权保护制度的受益者，承认遗传资源的财产地位，赋予传统部族以私权主体身份，有助于确保中国参与遗传资源开发利用的惠益分享。目前中国在世界政治、经济、文化等诸多领域都具有举足轻重的地位，中国在遗传资源专有权保护立法上的积极推动和制度创新，有助于中国争取在相关国际事务谈判上的主动权和话语权。

另一方面，中国的生物技术发展水平虽然与欧美主要发达国家还存

[①] Kerry Ten Kate and Sarah A Laird: The Commercial Use of Biodiversity: Access to Genetic Resources and Benefit-sharing, Earthscan, London, 2000, p. 2.

在一定差距，但在发展中国家处于领先地位。据统计，我国已建立了200多个政府重点资助的生物技术重点实验室以及20多个生物技术产业园，生物技术已广泛应用于农业、医药、环保、轻化工等重要领域，对提高我国国民健康水平、提升农牧业质量、保护生态环境的作用越来越重要。经过近20年的发展，中国生物技术产业取得了飞速发展和长足进步。据科技部资料显示，我国生物技术产业以每年20%的速度增长，2014年生物技术产业产值已达3.16万亿元，拥有数量众多的具有知识产权的新基因和基因产品，并成功进行一批标志性科研成果的商业应用，例如治疗T细胞淋巴瘤新药的上市等。[①] 在这一背景下，我国遗传资源专有权保护立法在强调公平合理分享惠益的同时，应合理限制其对知识产权的影响，将便利获取、而不是管制获取作为立法的重要宗旨。

三 地方立法先国家立法而行

建立遗传资源专有权保护制度的路径有两种：一种是自上而下，即法律制度的构建从国家层面开始，再由国家立法为地方立法提供制度框架；另一种是自下而上，地方立法到国家立法的路径，即法律制度的构建从地方层面开始，待立法成熟后再在国家层面推行。如前文所述，当前我国已经制定了一些与遗传资源保护有关的法律法规，但权属界定还是空白。国家层面立法不完整，可否结合民族地区的实际情况，在民族地区的立法上先行突破？答案是肯定的。在遗传资源保护方面，民族地区不仅拥有资源优势，还有立法优势。民族自治地方的自治权是《宪法》和《民族区域自治法》等一系列宪法性法律所确认的制度性权利[②]。制定自治条例和单行条例是行使自治权的重要保障。在全国性遗传资源保护专门立法没有出台前，民族地区可以根据《宪法》和《民族区域自治法》赋予的立法权，先行出台"民族地区遗传资源专有权保护条例"，一方面可以针对性地解决现行国家立法滞后的现实问题；另

[①]《我国生物产业产值达3.16万亿元》，《人民日报海外版》2015年7月25日。
[②] 潘宏祥：《民族自治地方自治权行使的阻却因素与调试对策》，《中南民族大学学报》（人文社会科学版）2014年第11期。

一方面也可为今后国家立法提供地方经验。

四 公权监管和私权保护相结合

遗传资源经济价值的实现，需要在明晰产权的基础上通过供需实现双方的合作，这是本书旨在创建的遗传资源专有权制度的一大用意。然而，并非所有与遗传资源利用有关的合作都是受欢迎的，有的合作甚至会导致负面效应。这是因为私人主体往往会有为片面追求短期的经济利益而牺牲社会利益和国家利益的短视行为。这种行为的危害性不可小视。遗传资源是一国农业、医药业、生物技术产业发展的基础性战略资源，关系到国家的粮食安全和物种安全，与国家经济社会发展的切身利益关系重大。因此，任何损害国家利益的遗传资源获取和利用行为都是不能容忍的，必须凭借法律手段来增加契约双方逃避义务的风险，抑制本能性机会主义。换句话说，遗传资源合作机制不仅是遗传资源持有方和遗传资源研发方之间财产利益方面的"私"的合作，更是国家之间谋求共同发展公共政策方面的"公"的合作。这种合作不仅体现了契约双方的意志，也体现了国家意志。国家意志最终是通过公法性法律规范来体现，因此，在遗传资源的保护上，完全的私法保护模式是不可取的。基于公法框架下的私人合作才是合理和必要的合作。也就是说，在公权监管的前提下实现有限的私法自治，是遗传资源专有权化立法的必由之路。

第三节 我国遗传资源专有权保护的对策

一 改善政府行为加强遗传资源保护

遗传资源的保护工作是开发遗传资源价值的起点和基础。遗传资源对生态系统的多样性、稳定性有很高要求，这就要求遗传资源丰富的地区对遗传资源及其价值有深入认识，自觉承担起保护遗传资源及其生态环境甚至是放弃现代文明、维持传统生产的义务。这些都需要当地政府在民众中进行细致的宣传引导工作。精准扶贫强调"精准帮扶和精准管理"，在工作机制上要求建档立卡、识别到户和信息化建设，如《方案》中提到要"普遍建立干部驻村工作制度,做到每个贫困村都有驻村帮扶工作队,每个贫困户都有帮扶责任人,并建立驻村帮扶工作队、贫困户帮扶责任人数据库"等,这些都有助于推动政府管理实现精准精细。具体来说,政府在遗传资源保护中主要有四项职责:首先,加大对遗传资源价值的宣传力度,正确引导保护遗传资源的行为,禁止和打击滥砍滥伐、毁山灭林、破坏环境的行为;其次,积极鼓励遗传资源的利用,构建遗传资源丰富地区与科研机构、生物技术企业的联系机制,推进遗传资源的研究、开发和利用,使遗传资源造福于少数民族贫困地区及其民众;再次,制定激励政策,加大对保持传统生产方式和保育地方品种的财政投入和奖励;最后,加强民族地区遗传资源的调查、整理、文献化和数据库建设,包括品种资源的生物学特性、保存区域、推广区域、原始培育者、产生效益等,还包括与生物多样性相关的生产方式、加工技术、传统知识、民族习俗、习惯法等。

二 充分利用现有制度保护遗传资源专有权

(一)利用种质资源制度加强遗传资源的保存和保护

遗传资源的基础工作是保种,即保护种质资源存续。没有数量巨大的种质资源的存续,遗传资源专有权保护也是一句空话。保护种质资源离不开生态环境的保护和传统生产方式的维系。一定程度上,正是由于受现代文明的干扰较少,一些不发达的贫困地区才得以保持完整的遗传资源生态环境和丰富的遗传资源品种。但是,这也意味着经济落后的贫困地区,作为遗传资源的重要拥有者,更容易受现代化开发的冲击,从而陷入"贫困——经济发展需求——破坏环境——遗传资源流失——再贫困"的恶性循环中。在上述哈尼族案例中,当地政府正是在一味追求城镇化建设所带来的生产总值提高中,以破坏生态环境和传统生产方式的形式,使得遗传资源这一宝贵资源逐步消逝。因此必须避免一些拥有较多遗传资源的贫困地区,为了眼前的经济利益,作出牺牲遗传资源保护的长远利益的短视选择。在精准扶贫战略框架下,这种恶性循环有望得到改善。《意见》中指出要"改进贫困县考核机制","对限制开发区域和生态脆弱的国家贫困开发工作重点县取消地区生产总值考核"。由此，极度贫困地区可以不再以毁山伐林等破坏生态环境的短视行为来提升生产总值、片面追求所谓政绩，这为保存和保护遗传资源创造了有利条件。

保护遗传资源，维护生态环境，维系传统生产方式，都需要经费。经费问题不解决，贫困地区难免会选择以放弃传统或破坏环境的方式来谋求发展。为加强畜禽遗传资源的保护和管理工作，我国和地方政府根据历次品种资源的调查，出台了一系列国家级、省级或市级的"畜禽遗传资源保护名录"。一旦某个遗传资源被列入保护名录，各级财政部门将提供较为充足的保种经费和奖金，且资金保障力度逐年上升，足以弥补保种工作带来的成本投入。2014年四川省成都市首次出台《关于加快我市畜禽地方优良品种资源保护与开发利用的意见》，以每年2000万元的资金力度，支持畜禽地方优良品种资源保护、基础设施建设和产品研发，并对地方品种被纳入国家级遗传资源保护名录或以新品种命名的保种场一次性给予最高300万元的重奖，该举措极大地刺激了当地地方品种的保育工作。以"成华猪"为例，由于生长周期长，村民为利益考虑曾经一度想放弃饲养，如今在保种经费项目的保障下，"成华猪"再次成为市民餐桌上的佳肴，并因其独特肉质拥有比普通家猪更广阔的市场前景。[1] 这种以经费和奖金作为保障的保护名录项目，在精准扶贫战略下有望得到坚持和发展。如《意见》中指出，"各级政府要逐步增加财政专项扶贫资金投入，把资金分配与工作考核、资金使用绩效评价结果相结合，探索以奖代补等竞争性分配方法"。

（二）以地理标志制度为依托促进遗传资源经济效益的实现

保种经费项目一定程度上解决了民族贫困地区保护遗传资源的资金问题，但推动民族贫困地区发展还要依靠市场开发项目。从理论上看，知识产权制度中的地理标志制度可以在以遗传资源为基础的农牧产品市场开发项目中发挥重要作用。地理标志制度不仅能够通过集体商标和证明商标对来自于特定地域的农牧产品起到标识作用，使出自地方特有生物品种之上的农牧产品为公众所知悉，而且能够通过工艺流程和技术规

---

[1] 张彧希：《成华猪有望再次上餐桌》，《四川日报》2014年7月16日。

则的定型和完善来保障产品的质量,从而提升产品的市场占有率。实践中,我国民族地区已经有利用地理标志制度开发生物遗传资源创收增收的成功案例。比如,贵州黎平县是我国侗族人口最多的县。侗族人民世世代代种植一种糯稻品种"黎平香禾糯",由于品种独特,传承悠久,被联合国粮农组织列为"世界特种稻米"。但由于社会变迁、水稻单一化种植等原因,栽培区域逐渐减少,如今只有极少数侗族村寨种植,而这些村寨往往是由与外界隔绝最深、经济条件最差的侗族贫困家庭组成。2007 年,黎平县成立"香禾糯协会",组织村民种植香禾糯,并申报了地理标志。之后,协会与一家企业合作,建立种源基地,扩大种植面积,提高产量和品质。对内以订单方式通过协会向种植户采购,对外通过企业进行销售。2011 年,香禾糯产值 9520 万元,促农增收 2500 万元。[①] 借助地理标志制度,"黎平香禾糯"的销售市场呈不断扩大趋势。黎平侗族民众不但保护和传承了本民族特有的耕种方式和稻米品种,还从中直接分享了可观的商业利益,走上了经济可持续发展之路。地理标志制度与遗传资源相结合的意旨,是要运用现行知识产权制度促进遗传资源的商品化利用,从而为所有者带来更多的市场财富。这一点也与精准扶贫指导精神相吻合:《意见》指出"扶贫工作要进一步解放思想使市场在资源配置中起决定性作用"。由此可见,地理标志制度在发挥以遗传资源为基础的产品的市场效益上将大有作为。

(三)充分发挥专利法上"遗传资源条款"的规制作用

所谓专利法上的"遗传资源条款",是指为保护遗传资源专有权人的权益,在专利权法律上对依赖遗传资源完成的发明创造在申请专利时增加一些限制要求,如要求专利申请披露遗传资源和传统知识的来源国、起源国的证据;披露已获得相关主体或主管部门的事先知情同意的证据;或者披露已进行公平的惠益分享安排的证据;等等。最早是由印度、巴西等国在围绕遗传资源知识产权保护议题的国际论坛上提出。可见,遗传资源条款的设计是为了配合 CBD 要求,为一国履行 CBD 义务

---

① 薛达元主编:《遗传资源及相关传统知识获取与惠益分享案例研究》,中国环境出版社 2014 年版,第 3 页。

时在专利法上的体现。该条款涉及相关专利申请人为获得专利授权而必须履行的法律义务，也关系到专利审查部门的实质审查对象，对发明人的权益影响极大，对专利审查效率的影响也不小，并且直接决定相关专利成果的产出率，因此应适当考量该条款所包含的条件和要求，根据国情需要做具体设计。

我国专利法对遗传资源的保护主要体现在两大法律文件中：2009年10月1日正式施行的《专利法修正案》（以下简称《专利法》），和为配合专利法修正案随后出台的《专利法实施细则》（以下简称《实施细则》）。经修订的《专利法》首次将专利法律制度与遗传资源保护挂钩，在专利申请和授权环节增加遗传资源使用监管内容，主要体现在《专利法》第5条和第26条。第5条第2款明确规定对违反法律规定获取或利用遗传资源完成的发明创造不授予专利权。第26条第5款确立遗传资源来源披露机制，规定依赖遗传资源完成的发明创造在进行专利申请时必须披露遗传资源来源，无法披露的应陈述理由。《实施细则》第26条对"遗传资源"进行了术语解释，使用的是与CBD完全相同的定义，并且对法条使用的"依赖遗传资源完成的创造发明"中"依赖"一词进行了解释，指明"利用了遗传资源的遗传功能完成发明创造"的行为即属于"依赖"之情形。

可以看出，我国现行《专利法》已经对遗传资源来源披露作出了强制义务要求，这是符合我国作为遗传资源丰富的发展中国家的根本利益的。但我国《专利法》仍存在以下不足：一是没有规定违反来源披露义务的法律责任。《专利法》和《实施细则》仅规定，申请人应当在请求书中予以说明，无法说明遗传资源原始来源的，应当陈述理由，但没有明确法律责任，这极大减损了披露义务的约束力。二是没有细分披露的启动条件。尽管《实施细则》规定了"依赖遗传资源完成的发明创造，是指利用了遗传资源的遗传功能完成的发明创造"，但是对于何为"利用"仍存在模糊性。三是我国《专利法》第5条中虽然有"违反法律、行政法规的规定获取或者利用"的字眼，但其指向不明，缺乏对遗传资源的占有和使用必须经事先许可或授权这一旨意的明确规定，这就给司法实践带来很多困扰。四是缺乏相关制度对接，由于我国尚未制定专门的遗传资源法律规范，对遗传资源使用中的事先知情同意和惠益分享制度没有具体安排，因此《专利法》目前没有明确专利申请人是否要提交事先知情同意证据或惠益分享安排证据，这样的规定不仅存在疏漏之嫌，而且极大影响了《专利法》防御功能的发挥。

基于前文对知情同意要求和惠益分享要求对专利权的影响与协调的论证，笔者建议，我国亟须在《实施细则》中确立更为明确和详细的"遗传资源条款"：（1）披露义务是适度刚性的实质条件，给予遗传资源利用人补正的可能性。规定专利申请人一旦未履行或未适当履行披露义务，可以在法定期限内进行补正，不影响专利的申请和授权；逾期未补正的驳回专利申请、不授予专利权或撤销专利权。（2）细分披露义务的启动条件，规定如果遗传资源是发明创造产生的根本条件，则应披露；如果遗传资源只是发明创造产生的辅助条件，且对发明的实施没有影响，则无须披露。（3）明确规定专利申请人提交事先知情同意证据的义务，如在我国《专利法》第5条增加一款："遗传资源的获取和利用必须经过相关立法规定的主体的许可或授权，否则依赖该遗传资源完成的发明创造，不授予专利权。"《实施细则》应指出需要提交文件的范围、形式以及审查期限，并规定审查机关逾期未提出意见的视为审查通过。（4）明确规定专利申请人无须提交惠益分享安排的证据。此外，为配合专利法的防御作用，我国急需出台保护遗传资源的专门法律规范。

三　探索遗传资源专有权立法上的突破

（一）界定社区作为遗传资源专有和惠益分享的权利主体

遗传资源专有权主体应该是传统部族或当地社区。"社区所有权"不仅符合洛克的劳动论，而且从经济学角度也符合私人交易应确立私人作为权利主体的理论要求。以社区作为遗传资源权利主体，能切实为从事遗传资源生产和实践的群体提供激励，落实遗传资源对于民族地区财富增长的功能。这一点也与精准扶贫的理念高度契合。从精准扶贫两个重要指导文件上看，党中央、国务院不仅特别强调市场作用，还特别指出扶贫机制要切实使贫困农户受益。例如《意见》中指出"切实提高贫困户的参与度、受益度"，"探索企业与贫困农户建立利益联结机制，促进贫困农户稳步增收"，等等。这些都为私人性质的遗传资源专有权的创设和以社区作为权利主体的制度模式提供了有力支撑。

（二）规定遗传资源专有权的行使主体和行使路径

遗传资源的产生和实践一般是由某个民族、部落、村庄、社区或群体甚至相互关联的多个群体共同完成的，适用法律时往往很难确定群体的实际人数和边界。从我国实际情况来看，与我国大多数农村地区一样，民族地区人口大量外出务工，人员流动频繁，族群的"松散性"十分突出，这使得"社区所有"在权利行使上很难把握。因此，笔者认为"社区"应当只是一个理念上的主体，具有象征性的概括意义，很难也不宜实体化，所以在立法设计上应当虚化或淡化传统部族和传统社区的边界性和实体性，关于遗传资源专有权主体制度的立法重点应当放在主体如何行使权利的设计上。谁来具体行使权利、怎样行使权利，这些考量可以从我国已有案例出发，根据理论的适当性和实践的可行性两个标准来确定。

1. 已有案例中可供选择的两种模式

一种模式是自治组织形式——共管会、合作社。目前我国实践中存在着一种以专设共管会、合作社等民间机构来作为遗传资源群体权利代表的模式。例如，上文中提到的"黎平香禾糯"例子，就是以协会作为当地全体少数民族成员行使权利的成功案例。现实中这样的案例还有很多，如湘西黑猪产于湖南省湘西土家族苗族自治州和常德市、怀化市，在当地苗族和土家族社区至少已有2200年的养殖历史，2007年入选国家种质资源基因库。当地民众自发组织成立合作社，经县级工商行政部门注册。农户与合作社签订养殖协议，由合作社提供仔猪，农户进行养殖，合作社向农户提供市场信息，开展技术培训和咨询服务，实行统一收购和销售，销售利润按比例与农户分配。合作社模式极大地促进了遗传资源的利用，带动了山区的脱贫致富。[①]再如，坐落在云南高黎贡山西坡的新庄村于2005年8月19日成立了由13个村组461户汉族人家

[①] 薛达元主编：《遗传资源及相关传统知识获取与惠益分享案例研究》，中国环境出版社2014年版，第139页。

推选的 49 名共同利益代表组成的"传统资源共管会",并制定了《传统资源共管公约》和《传统资源共管会章程》。共管会管理的传统资源包括本村村民世世代代集体创造并使用的传统知识、民间文艺等文化资源,也包括维系全体村民生产和生活的重要生物资源。共管会的职责是对外处理一切与本村传统资源开发和利用的事务,主张本村全体村民基于传统资源的集体利益。①

另一种模式是政府机构形式——自治县、民族乡政府。笔者在这里选取的是传统知识领域内传统族群行使权利的案例。需要说明的是,从客体制度上看,笔者认为遗传资源和传统知识属于两个完全不同的客体——前者是事物型信息,后者是知识型信息,因而不赞成将二者合并作为类似于"传统资源权"的客体,但是从权利主体的群体性上看,二者有共通之处,因此遗传资源专有权主体的设计可以参考和借鉴传统知识的做法。以本书第三章谈及的"乌苏里船歌"一案作为范例。法院受理该案后,原告的政府身份曾一度被质疑其是否具有权利主体的代表资格,但是法院认为,作为原告的政府既是群体的政治代表,也是群体的公共利益代表,在不违反法律禁止性规定的情况下,基于权利主体的特殊性,可以由政府来代为行使权利。② 最终,该案的原告资格得到了初审法院和二审法院的认可。该案判决对我国传统知识司法保护具有里程碑式的意义,因为该案不仅确认了主体的精神性权利,而且承认少数民族民间文学艺术的权利主体是群体,并开启了政府机构作为少数民族民间文学艺术群体性权利代表的先河,现实地解决了我国民间文学艺术权利行使的难题。作为借鉴,遗传资源专有权主体行使权利的代表也可以是包括自治县、民族乡政府在内的地方政府。

2. 对已有案例模式的评价和选择

上述案例中的两种模式都是以集体代表方式来行使权利,具有合理

---

① 参见龙文、艾怀森《新庄村传统造纸》,载国际行动援助中国办公室编《保护创新的源泉——中国西南地区传统知识保护现状与社区行动案例集》,知识产权出版社 2007 年版,第 186—189 页。

② 北京市高级人民法院民事判决书(2003)高民终字第 246 号。

性和经济性。但两种代表模式各有利弊。首先来观察以共管会、协会等为代表形式的自治组织模式。该模式最大的优势在于更能充分体现传统部族或社区的主张和需求。从理论上分析，由少数民族群体自行建立的专门机构在处理涉及自身利益的事务时，往往比其他机构更能充分考虑和积极维护本民族的切身利益。遗传资源作为维系少数民族传统生产和生活方式的重要载体，与该群体的切身利益紧密相关。因此通过这种自治机构来行使权利，能够有效调动少数民族群体保护遗传资源的积极性，实现遗传资源利用和生物多样性保护的良性互动。从宏观层面来说，该模式也是民族自治权的集中体现。民族自治权不仅源自《经济、社会和文化权利国际公约》所规定的少数民族"自由谋求他们的经济、社会和文化的发展"等条款，也是直接源自我国《宪法》和《民族区域自治法》等规范性文件，具有坚实的制度依据。但是，该模式的弊端也是显而易见的，主要是对客观条件要求很高，如少数民族群体应拥有清晰的权利意识、足够的管理能力和高超的谈判技巧等。在缺乏这些的条件下，该模式很难实际运行并发挥作用。

再来观察以自治县、民族乡政府为代表形式的政府机构模式。该模式最大的优势在于节省了组织成本，并且具有一定的权威性。在我国，自治县和民族乡都是最基础的民族自治行使机构。依照《中华人民共和国地方各级人民代表大会和地方各级人民政府组织法》第52条的规定，自治县与民族乡都属于民族区域自治的范畴，可以代表少数民族群众行使权利。这种做法不仅与我国现行的民族区域自治理念相吻合，而且无须重新建立权利行使机构。但是，正如一些学者所质疑的那样，该模式在理论上存在明显不足："对于传统资源经济利益的主张及其支配，并不属于公权力行使的范围，也没有适当的法律依据。"[①] 换句话说，以政府机构来代表传统部族或社区行使私人权利的模式，由于该公权力机构的身份属性使得其介入民事法律事务时总显得底气不足。

[①] 参见龙文、艾怀森《新庄村传统造纸》，载国际行动援助中国办公室编《保护创新的源泉——中国西南地区传统知识保护现状与社区行动案例集》，知识产权出版社2007年版，第192页。

笔者认为，为了降低边界模糊带来的高搜寻成本，在立法上应设置集体所有权的集体代表行使机制，这是毋庸置疑的。同时，从集体代表行使的主体来看，非政府组织应当是该代表人的最合适的人选。协会、合作社等非政府组织的最大优点在于，一方面可以避免政府组织行使权力"僵硬化"的弊端与"官僚主义"的不良印象，提高效率；另一方面又能够克服企业组织"经济人理性"的利润偏好与利益追求最大化对原权利人的不良影响，防止寻租。例如上文中提到的"黎平香禾糯"和"湘西黑猪"的例子，就是以协会作为当地全体少数民族成员行使权利的成功案例。虽然我国非政府组织发展较为迟缓，但这不足以成为阻碍采取集体所有权模式保护遗传资源的理由。国家已高度重视社会组织的培育与发展，社会组织在精准扶贫战略中的作用被多次强调，如《意见》中提到"要创新社会参与机制，建立和完善广泛动员社会各方面力量来参与扶贫开发制度"，"鼓励各类企业、社会组织以多种形式参与扶贫开发"。《方案》也指出要"提高社会力量参与扶贫的精确性、有效性"。非政府组织作为一种应对现代社会不确定性和多元性的第三方组织形态，在我国必然有着广阔的发展前景，[①]也可以成为推动遗传资源专有权保护的重要力量。因此，我国法律应当规定遗传资源专有权的行使机构为包括协会、合作社等在内的非政府组织。

当然，我们也应该从国情出发，对以非政府组织作为集体权利行使代表的机制做一些调整。由于目前非政府组织在我国刚刚起步，普遍性地成立协会、合作社等自治组织存在实际困难，因此我们可以分阶段进行：先选择采用由政府管理部门代为行使权利，以此作为过渡方案；待条件成熟后，再由传统社区或族群自行成立或委托非政府组织负责行使权利。可以预见，很长一段时期内，我国遗传资源丰富的少数民族地区或传统社区将以当地政府机构为代表来行使遗传资源专有权利。

3. 实现社区主体模式与我国现有民事主体制度的有序对接

为构建我国遗传资源专有权保护体系，在设立其权利主体制度时，不仅要考虑遗传资源的特性，更应当考虑我国现有的民事主体制度，特

[①] 刘祖云：《非政府组织：兴起背景与功能解读》，《湖南社会科学》2008年第1期。

别是现有民法及其特别法关于自然资源类财产的主体的界定模式，这样才能真正将遗传资源专有权保护融入我国法律制度中。根据本书第四章第二节阐述的遗传资源专有权辨析原理，以及参考各国遗传资源权属的实践做法，可以从以下几个方面对我国遗传资源专有权社区主体模式进行具体的立法定位和表述：

首先，作为社会主义国家，我国的基本经济制度以公有制为主体。在有形资源所有权制度中，我国《宪法》《物权法》《土地管理法》等一般将资源类财产界定为国家所有权和集体所有权。为节约立法成本，保证遗传资源专有权保护制度与现有法律制度有序衔接，可以将遗传资源专有权的权利主体相应地定位为国家所有权和集体所有权两种并行的模式，并且与上述资源类权属界定保持一致。即按照资源类法律规定，生物材料归属于集体的，则该生物材料中的遗传资源（假若该生物资源实体中包含有遗传资源）也归属于该集体；按照资源类法律规定，生物材料归属于国家的，则该生物材料中的遗传资源也归属于国家。

其次，由于遗传资源自身的特点以及它们对传统部族或社区经济发展的重要关联性，在多数情况下应当将遗传资源专有权的权利主体定位为通过传统生产和生活方式保有和利用遗传资源的传统部族或传统社区所有。但也不否认在特殊情形下，将遗传资源专有权归于国家。国家作为遗传资源专有权的权利主体主要发生在以下特殊情形：一是当遗传资源不为任何人驯养而为野生状态时；二是当遗传资源保有的群体区域界限不清楚或不确定时。在这两种并行的权利主体制度的适用中，遗传资源专有权归于传统部族或社区应为普遍适用的一般原则，归于国家仅为特殊情形下适用的例外规定。

最后，由于我国长期以来施行民族融合政策，传统族群不像某些国家那样生活在某些特定的"保留地"，而是与其他民族杂居在一起，这使得我国目前许多地区的民族、族群关系比较复杂。因此，体现民族血缘性的"传统族群"称谓在权利设计上较难把握。作为主体的族群更多是通过少数民族自治区、自治州、自治县或自治乡表征出来，所以笔者建议在权利主体认定、选择上采用地域性更强的"社区"这一称谓。

四 建立公法管理与私法保护并重的综合性立法体系

如前所述,遗传资源的保护涉及发达国家与发展中国家之间的利益博弈,显然,仅依靠当地社区或土著居民个人的行为是远不能担负起该重任的。因此,遗传资源保护既要重视发挥传统部族、当地社区的自觉作用,又要由国家承担起监管责任。遗传资源的制度设计应融合公私与私法的相关规则①,形成公法管理与私法保护并重、相辅相成的法律体系。从降低交易成本角度,需要考虑两个主要问题:

一是,公法管理和私法保护的衔接模式。公法管理和私权保护两种模式如何衔接?对于这个问题的回答,本书仍从降低交易成本的功利主义出发,提出纵向衔接、互不叠加的看法。从遗传资源价值开发的过程来看,遗传资源制度可以分为三个环节:前期普查、登记、保存;中期开发利用和惠益分享;后期保护环节。公法管理解决两端的问题,私法保护应对中间环节。这样做的好处是,制度设计分工明确,面对遗传资源获取、利用或保护等具体问题时,各当事人对于何时交由市场解决,何时交由政府解决就能有清晰的预期,从而大大节省相关成本。前述信息评估成本和排他成本,就属于公法管理的问题,应通过相关政府职能部门履行相应监督和管理职责来实现。如为方便查询,减少信息评估成本,职能部门应定期对全国范围内的物种资源进行排查、登记,建立遗传资源数据库,有条件地向社会开放,信息内容包括遗传资源分布地域、地域范围、持有人情况、生产和使用方式、相关传统知识、遗传资源基本性状等。并设立科学咨询委员会,为获取和惠益分享提供科学咨询。针对遗传资源专有权保护,为降低排他成本和尽早掌握资源盗用信息,国家可以设立信息联络点和信息交换机制。

二是,公法规范和私法规范的衔接形式。目前,我国遗传资源立法还十分粗陋,公法规范主要散见于《野生动植物保护法》《农作物种质资源管理办法》《种子法》《渔业法》《畜牧法》等一些有关环境和生物

---

① 吴汉东:《关于遗传资源客体属性与权利形态的民法学思考》,《月旦民商法杂志》第十二卷(2006年7月)。

资源保护以及农牧渔业发展的法律法规中，缺少对遗传资源获取利用和惠益分享的私法规定，更谈不上遗传资源保护的专门立法。笔者认为，可以参照在遗传资源保护方面与我国有类似国情的哥斯达黎加的做法。该国1998年颁布的《生物多样性法》是一部集公法规范和私法规范为一体的综合性立法典范。遗传资源获取的管理体制、惠益分享安排、土著与地方社区的参与等相关问题，几乎都被纳入到该法的调整范围①。这种立法的优势在于，它将遗传资源保存、登记、获取、利用、惠益分享等所有问题都置于生物多样性保护的整体框架内加以处理，极大方便了当事人的快速查询，而且在此制度基础上，设立了协调性机构，用以沟通协调相关事宜的处理，及时化解政府各职能部门在处理遗传资源相关事宜时的权力重叠或政策冲突难题。此举不仅提高了解决问题的效率，也大大节约了当事人在确定主管机关、寻求政府介入的交易成本，值得我国立法参考和借鉴。

---

① 薛达元、秦天宝：《遗传资源获取与惠益分享的国外立法及其启示》，《环境保护》2015年第5期。

参考文献

一 中文类

（一）著作类

［美］奥利弗·E.威廉姆森：《资本主义的经济制度》，段毅才、王伟译，商务印书馆2002年版。

［澳］彼得·德霍斯：《知识财产法哲学》，周林译，商务印书馆2008年版。

［古罗马］查士丁尼：《法学总论》，张企泰译，商务印书馆1989年版。

［美］达里尔·A.塞、［美］格雷厄姆·图特菲尔德：《超越知识产权——为原住民和当地社区争取传统资源权》，许建初等译，陈三阳校，云南科技出版社2003年版。

［美］道格拉斯·诺斯、［美］罗伯特·托马斯：《西方世界的兴起》，厉以平、蔡磊译，华夏出版社2016年版。

丁丽瑛：《传统知识保护的权利设计与制度构建——以知识产权为中心》，法律出版社2009年版。

［美］E.博登海默：《法理学——法律哲学与法律方法》，邓正来译，中国政法大学出版社2001年版。

冯晓青：《知识产权权利冲突专题判解与学理研究》，中国大百科全书出版社2010年版。

［印］甘古力：《知识产权：释放知识产权经济的能量》，宋建华等译，知识产权出版社2004年版。

高富平：《物权法原论（第2版）》，中国法制出版社2015年版。

管育鹰：《知识产权视野中的民间文艺保护》，法律出版社 2006 年版。

［美］哈罗德·丁·伯尔曼：《法律与革命——西方法律传统的形成》，贺卫方等译，中国大百科全书出版社 1993 年版。

胡波：《专利法的伦理基础》，华中科技大学出版社 2011 年版。

黄玉烨：《民间文学艺术的法律保护》，知识产权出版社 2008 年版。

季卫东：《法治秩序的建构（增补版）》，商务印书馆 2014 年版。

江山：《互助与自足——法与经济的历史逻辑通论》，中国政法大学出版社 1994 年版。

［美］杰拉尔德·科恩戈尔德、［美］安德鲁·P. 莫里斯：《权利的边界——美国财产法经典案例故事》，中国人民大学出版社 2015 年版。

［美］卡里佐萨：《生物多样性获取与惠益分享》，薛达元等译，中国环境科学出版社 2006 年版。

［美］康芒斯：《制度经济学（上）》，于树声译，商务印书馆 1962 年版。

李琛：《论知识产权法的体系化》，北京大学出版社 2006 年版。

李明德：《美国知识产权法》，法律出版社 2014 年版。

［美］理查德·A. 波斯纳：《法律经济学（上）》，蒋兆康译，林毅夫校，中国大百科全书出版社 2003 年版。

廖丽：《国际知识产权新趋势——TRIPs-Plus 知识产权执法研究》，中国社会科学出版社 2015 年版。

陆小华：《信息财产权——民法视角中的新财富保护模式》，法律出版社 2009 年版。

［美］罗杰·谢科特、约翰·托马斯：《专利法原理》，余仲儒译，知识产权出版社 2016 年版。

［英］洛克：《政府论（下篇）》，叶启芳、瞿菊农译，商务印书馆 1997 年版。

梅夏英：《财产权构造的基础分析》，人民法院出版社 2002 年版。

秦天宝：《国际与外国遗传资源法选编》，法律出版社 2005 年版。

秦天宝：《遗传资源获取与惠益分享的法律问题研究》，武汉大学出版社 2006 年版。

《十二国著作权法》翻译组译：《十二国著作权法》，清华大学出版社 2011 年版。

史学瀛：《生物多样性法律问题研究》，人民出版社 2007 年版。

苏力：《制度是如何形成的》，北京大学出版社 2015 年版。

苏永钦：《寻找新民法》，北京大学出版社 2014 年版。

孙笑侠、钟瑞庆等：《复活的私权》，中国政法大学出版社 2007 年版。

王康：《基因权的私法规范》，中国法制出版社 2014 年版。

王利明：《人格权法研究》，中国人民大学出版社 2005 年版。

王利明：《我国民法典重大疑难问题之研究（第二版）》，法律出版社 2016 年版。

王艳杰、张渊媛、武建勇等：《全球生物剽窃案例》，中国环境出版社 2015 年版。

［美］威廉·M. 兰德斯、［美］理查德·A. 波斯纳：《知识产权法的经济结构》，金海军译，北京大学出版社 2016 年版。

吴汉东：《无形财产权基本问题研究（第三版）》，中国人民大学出版社 2013 年版。

吴汉东：《知识产权多维度学理解读》，中国人民大学出版社 2015 年版。

熊秉元：《正义的成本——当法律遇上经济学》，东方出版社 2016 年版。

熊琦：《著作权激励机制的法律构造》，中国人民大学出版社 2011 年版。

薛达元：《中国生物遗传资源的现状和保护》，中国环境科学出版社 2005 年版。

薛达元主编：《民族地区遗传资源获取与惠益分享案例研究》，中国环境科学出版社 2009 年版。

薛达元主编：《遗传资源及相关传统知识获取与惠益分享案例研

究》，中国环境出版社 2014 年版。

［古希腊］亚里士多德：《政治学》，吴寿彭译，商务印书馆 1965 年版。

严永和：《论传统知识的知识产权保护》，法律出版社 2006 年版。

易继明：《技术理性、社会发展与自由——科技法学导论》，北京大学出版社 2005 年版。

尹田：《民法思维之展开——尹田民法学演讲集（修订版）》，北京大学出版社 2014 年版。

张耕：《民间文学艺术的知识产权保护研究》，法律出版社 2007 年版。

张海燕：《遗传资源知识产权保护法律问题研究》，法律出版社 2012 年版。

张乃根：《法经济学——经济学视野里的法律现象》，上海人民出版社 2014 年版。

张文显：《公法与国家治理现代化》，法律出版社 2016 年版。

张五常：《经济解释卷 4：制度的选择》，中信出版社 2014 年版。

张五常：《新卖橘者言》，中信出版社 2010 年版。

张小勇：《遗传资源的获取和惠益分享与知识产权》，知识产权出版社 2007 年版。

张小勇：《遗传资源国际法问题研究》，知识产权出版社 2017 年版。

张新锋：《专利权的财产权属性——技术私权化路径研究》，华中科技大学出版社 2011 年版。

钊晓东：《遗传资源知识产权法律问题研究》，法律出版社 2016 年版。

赵廉慧：《财产权的概念——从契约的视角分析》，知识产权出版社 2005 年版。

郑成思主编：《知识产权论》，社会科学文献出版社 2007 年版。

中华人民共和国环境保护部：《中国履行〈生物多样性公约〉第五次国家报告》，中国环境出版社 2014 年版。

周枏：《罗马法原论》，商务印书馆 1994 年版。

（二）论文类

［美］奥德丽·R. 查普曼：《将知识产权视为人权：与第 15 条第 1 款第 3 项有关的义务》，《版权公报》2001 年第 3 期。

崔国斌：《传统知识的知识产权迷思》，载吴汉东主编《中国知识产权蓝皮书（2005—2006）》，北京大学出版社 2007 年版。

崔国斌：《文化及生物多样性保护与知识产权》，博士学位论文，北京大学，2002 年。

崔国斌：《知情同意原则的专利法回应》，《环球法律评论》2005 年第 5 期。

邓富国、曹俊、李珍萍：《我国基因资源地源披式制度的构建与完善——以各国立法规则模式为切入点》，《政治与法律》2009 年第 2 期。

邓社民：《民间文学艺术专有权及其实现机制探析——兼评〈民间文学艺术作品著作权保护条例〉（征求意见稿）》，《湖北省法学会民族法学研究会 2016 年学术研讨会暨换届大会论文集》。

古祖雪：《TRIPS 框架下传统知识保护的制度建构》，《法学研究》2010 年第 1 期。

古祖雪：《从体制转换到体制协调——以发展中国家的视角》，《法学家》2012 年第 1 期。

梁志文：《TRIPS 协议第 29 条与遗传资源来源披露义务》，《世界贸易组织动态与研究》2012 年第 1 期。

刘旭霞、胡小伟：《论遗传资源财产权的经济学分析》，《广西社会科学》2008 年第 6 期。

刘旭霞、胡小伟：《品种范畴下农业遗传资源法律保护分析》，《政法学刊》2009 年第 4 期。

刘旭霞、胡小伟：《我国农业植物遗传资源权利保护分析》，《江淮论坛》2009 年第 6 期。

刘旭霞、胡小伟：《知识产权视野下农业遗传资源产权化进程分析》，《知识产权》2009 年第 3 期。

刘旭霞、张亚同：《论农业遗传资源权的保护》，《知识产权》2016 年第 8 期。

刘祖云：《非政府组织：兴起背景与功能解读》，《湖南社会科学》2008 年第 1 期。

龙文、艾怀森：《新庄村传统造纸》，载国际行动援助中国办公室编《保护创新的源泉——中国西南地区传统知识保护现状与社区行动案例集》，知识产权出版社 2007 年版。

卢明炜：《生物遗传资源保护与事先知情同意制度》，《科技与法律》2002 年第 4 期。

吕炳斌：《TRIPS 协定下专利申请的披露要求研究》，博士学位论文，复旦大学，2011 年。

罗晓霞：《遗传资源保护的立法模式探讨》，《河北法学》2011 年第 9 期。

罗晓霞：《遗传资源保护路径选择的理论基础》，《南京农业大学学报》（社会科学版）2011 年第 11 期。

罗晓霞：《遗传资源财产化：现实条件、决定因素和范畴研究》，《知识产权》2011 年第 2 期。

马海生：《遗传资源保护与专利申请中遗传资源披露——兼评专利法修订草案中的相关条款》，《知识产权》2007 年第 3 期。

潘宏祥：《民族自治地方自治权行使的阻却因素与调试对策》，《中南民族大学学报》（人文社会科学版）2014 年第 11 期。

浦莉：《寻求遗传资源和传统知识法律保护的正当性——以经济学为视角》，《华中科技大学学报》（社会科学版）2006 年第 4 期。

秦天宝：《生物遗传资源法律保护的多元路径》，《江汉论坛》2014 年第 6 期。

冉昊：《法经济学中的"财产权"怎么了——一个民法学人的困惑》，《华东政法大学学报》2015 年第 2 期。

师晓丹：《我国专利法保护遗传资源的局限性与出路——以〈名古屋议定书〉为参考》，《知识产权》2014 年第 5 期。

孙昊亮：《多维视野下的遗传资源的法律保护分析》，《西北大学学报》（哲学社会科学版）2010 年第 3 期。

孙昊亮：《论我国遗传资源区域性补偿法律制度的构建》，《河北法学》2008年第7期。

孙昊亮：《论遗传资源获取与来源披露对专利授权的影响》，《法律科学》（西北政法大学学报）2009年第4期。

孙皓森：《论TRIP协议与公共健康》，载唐广良主编《知识产权研究》（第14卷），中国方正出版社2003年版。

王芳华：《遗传资源惠益分享合同研究》，《河北法学》2008年第7期。

王明远：《美国生物遗传资源获取与惠益分享法律制度介评——以美国国家公园管理为中心》，《环球法律评评论》2008年第4期。

王志本：《遗传资源获取、利用及产权制度的国际格局》，《中国农业科技导报》2008年第10期。

吴汉东：《财产的非物质化革命和革命的非物质财产法》，《中国社会科学》2003年第4期。

吴汉东：《关于遗传资源客体属性与权利形态的民法学思考》，《月旦民商法杂志》第十二卷（2006年7月）。

吴汉东：《论财产权体系》，《中国法学》2005年第2期。

吴汉东：《知识产权的私权与人权属性》，《法学研究》2003年第3期。

吴汉东：《知识产权的制度风险与法律控制》，《法学研究》2012年第4期。

伍春艳、焦洪涛、范建得：《人类遗传数据的开放共享抑或知识产权保护》，《知识产权》2014年第1期。

谢辉：《民间规范与习惯权利》，《现代法学》2005年第2期。

熊琦：《著作权法定许可的误读与解读——简评〈著作权法〉第三次修改草案第46条》，《电子知识产权》2012年第4期。

徐信贵：《遗传资源的权属问题研究》，《四川理工学院学报》2012年第3期。

薛达元、秦天宝：《遗传资源获取与惠益分享的国外立法及其启示》，《环境保护》2015年第5期。

闫海、吴琼：《基于生物遗传资源保护的事先知情同意探析》，《青岛科技大学学报》（社会科学版）2012 年第 4 期。

严永和：《"遗传资源利益分享权"的法律性质诠释》，《知识产权》2010 年第 5 期。

严永和：《传统资源保护与我国专利法的因应》，《知识产权》2007 年第 3 期。

严永和：《当下国际知识产权制度调适的主要思路》，《法学评论》2012 年第 4 期。

严永和：《目前遗传资源和传统知识法律保护机制国际探索的成就与不足——评 CBD 事先知情同意机制和 FAO 农民权机制》，《贵州大学学报》（社会科学版）2006 年第 3 期。

严永和：《遗传资源财产权法律逻辑诠释——以〈生物多样性公约〉为中心》，《暨南学报》（哲学社会科学版）2010 年第 1 期。

严永和：《遗传资源财产权演进的历史逻辑》，《甘肃政法学院学报》2013 年第 1 期。

杨红朝：《遗传资源权视野下的我国农业遗传资源保护探究》，《法学杂志》2010 年第 2 期。

杨明：《浅析遗传资源权的制度构建》，《华中科技大学学报》（社会科学版）2006 年第 1 期。

杨远斌：《遗传资源的知识产权保护分析》，《学术论坛》2005 年第 4 期。

杨远斌：《遗传资源的知识产权利益分享模式研究》，博士学位论文，华中科技大学，2006 年。

杨远斌、朱学忠：《专利申请中遗传资源来源披露的若干问题研究》，《电子知识产权》2006 年第 2 期。

詹映、朱学忠：《国际法视野下的农民权问题初探》，《法学》2003 年第 8 期。

张陈果：《论我国传统知识专门权利制度的构建——兼论已文献化传统知识的主体界定》，《政治与法律》2015 年第 1 期。

张小勇：《我国遗传资源的获取和惠益分享立法研究》，《法律科学》2007 年第 1 期。

钊晓东:《当"现代的利益博弈"转向"传统的遗传资源领域"——遗传资源知识产权惠益分配失衡的深层根源及其矫正原理研究》,《法治研究》2015 年第 2 期。

钊晓东:《遗传资源新型战略高地争夺中的"生物剽窃"及其法律规制》,《法学杂志》2014 年第 5 期。

钊晓东、郝峰:《科学发展观引领下的遗传资源知识产权法治保障战略论纲》,《法学杂志》2010 年第 1 期。

[日] 中川淳司著,钱水苗译,林来梵校:《生物多样性公约与国际法上的技术规限》,《环球法律评论》2003 年夏季号。

朱学忠、杨远斌:《基于遗传资源所产生的知识产权利益分享机制与中国的选择》,《科技与法律》2003 年第 3 期。

左停、杨雨鑫、钟玲:《精准扶贫:技术靶向、理论解析和现实挑战》,《贵州社会科学》2015 年第 8 期。

二 外文类

(一) 著作类

Bryan A. Garner, *Black's Law Dictionary* (7th edition), West Publishing Company, 1999.

Graham Dutfield, *International Property, Biogenetic Resources and Traditional Knowledge*, Earthscan, 2004.

Sarah A·Laird, *Biodiversity and Traditional Knowledge Equitable Partnerships in Practice*, Earthscan, 2002.

WIPO, *Introduction to Intellectual Property*, Kluwer Law International, 1997.

(二) 论文类

Abraham Bell, Gideon Parchomovsky, Pliability Rules, 101 Mich. L. Rev.1 (2002).

Angela R Riley: Recovering Collectivity: Group Rights to Intellectual Property in Indigenous Communities, 18 Cardozo Arts & Ent. L. J. 175 (2000).

Bert Visser et al, Transaction Costs of Germplasm Exchange under Bilateral Agreements, Document No. GFAR/17-04-04, *Global Forum on Agricultural Research*, FAO, Rome, 2000.

Charles R. McManis, Intellectual Property, Genetic Resources and Traditional Knowledge Protection: Thinking Globally, Acting Locally, 11 Cardozo J. Int'l & Comp. L. 547 (2003).

Debra M. Strauss, the Application of Trips to Gmos: International Intellectual Property Rights and Biotechnology, 45 Stan. J. Int'l L. 287 (2009).

Eliana Torelly de Carvalho, Protection of Traditional Biodiversity-Related Knowledge: Analysis of Proposals for the Adoption of a Sui Generis System, *Duke Law Jourl*, 2003.

European Community, Second Report of the European Community to the Conference of the Parties of the Convention on Biological Diversity: Thematic Report on Access and Benefit-sharing, October 2002.

Eve Heafey, Access and Benefit Sharing of Marine Genetic Resources from Areas beyond National Justification: Intellectual Property - Friend, Not Foe, 14 Chi. J. Int'l L. 493 (2014).

Friedman, supra note 3, at 109; Charles A. Reich, The New Property, 73 Yale L. J. 733, 771 (1964); Kenneth J. Vandevelde, "The New Property of Nineteenth Century: The Development of the Modern Concept of Property", 29 Buff. L. Rev. 325, 330 (1980).

Goldberg v. Kelly, 397U. S. 254, 265 (1970); Richard A. Posner, Economic Analysis of Law 32-35 (4th ed. 1992); Reich, supra note 41.

Graham Dutfield, TRIPs-Related Aspects of Traditional Knowledge, Spring, 2001, 33, Case W. Res. J. Int'l L. 233.

Guido Calabresi & Douglas Melamed, Property Rules, Liability, and Inalienability: One View of the Cathedral, 85 Harv. L. Rev. 1089 (1972).

Jerome H. Reichman & Tracy Lewis, Using Liability Rules to Stimulate Local Innovation in Developing Countries: Application to Traditional Knowledge, in International Public Goods and Transfer of Technology Under a Globalized Intellectual Property Regime, Keith E. Maskus & Jerome H. Reichman eds., 337, (2005).

Jey Erstling, Using Patents to Protect Traditional Knowledge, 15 Tex. Wesleyan L. Rev. 295 (2009).

John T Cross, Justifying Property Rights in Native American Tradional Knowledge, 15 Tex. Wesleyan L. Rev. 257 (2009).

John Tanner VS. Giant, PeasantsBattle for Blessing Tree. Inter Press Service Global Info. Network, Available in 1993 WL 2534808.

J. Janewa OseiTutu, A Sui Generis Regime for Traditional Knowledge: the Cultural Divide in Intellectual Property Law, 15 Marq. Intell. Prop. L. Rev. 147 (2011).

Katie Bass, the Battle over Plant Genetic Resources: Interpreting the International Treaty for Plant Genetic Resources, 16 Chi. J. Int'l L. 151 (2015).

Kimberly Self, Self-interested: Protecting the Cultural and Religious Privacy of Native Americans through the Property Rights in Biological Materials, 35 Am. Indian L. Rev. 729 (2010-2011).

Laurel A. Firestone, You Say Yes, I Say No: Defining Community Prior Informed Consent under the Convention on Biological Diversity, 16 Geo. Int'l Envtl L. Rev. 171, 177 (2003).

Louis Kaplow, Steven Shavell, Do Liability Rules Facilitate Bargaining? A Reply to Ayres and Tally, 105 Yale L. J. 221 (1995).

Michele A. Powers, the United Nations Framework Convention on Biological Diversity: Will Biodiversity Preservation be Enhanced through Its Provisions Concerning Biotechnology Intellectual Property Rights? 12 Wis. Int'l L. J. 103 (1993).

Ministry of Environment and Forests, Government of India, Thematic Report on Benefit-sharing, 2001.

Paul J. Heald, the Rhetoric of Biopiracy, 11 Cardozo J. Int'l & Comp. L. 519 (2003).

Paul Kuruk, Regulating Access to Traditional Knowledge and Genetic Resources: the Disclosure Requirement as a Strategy to Combat Biopiracy, 17San Diego Int' L L. J. 1 (2015).

Rebecca Mahurin, Adam L. Lunceford, Erich E. Veitenheimer, Bioprospecting: A Hot Spring of Legal Issues, 9 No. 2 ABASciTech Law. 4 (2012).

Rodrigo Gamez, The Link between Biodiversity and Sustainable Development: Lesson from INBio's Bio-prospecting Program inCosta Rica, Instituto Nacional de Biodiversidad, Santo Domingo de Heredia, Costa Rica, 2003.

Ryann Beck, Farmer's Rights and Open Source Licensing, 1 Ariz J. Envtl. L. & Pol' y 167 (2011).

R. H. Coase, The Problem of Social Cost, 3 Journal of Law & Economics 1 (1960).

Silke von Lewinski, the Protection of Folklore, Summer, 2003, 11, Cardozo J. Int'l &Comp. L. 747.

Simon Walker, The TRIPs Agreement, Sustainable Development and the Public Interest, IUCN Environmental Policy and Law Paper No. 41, Cambridge, 2001

Thomas W. Merrill and Henry E. Smith, What Happened to Property in Law and Economics, *The Yale Law Journal* 111, No. 2 (2001).

Vandana Shiva. Biopiracy, The Plunder of Nature and Knowledge. South End Press, Boston, Massachuestts, 1997

Weerawit Weeraworawit, Formulating an International Legal Protection for Genetic Resources, Tradional Knowledge and Folklore: Challenges for the Intellectual Property System, 11 Cardozo J. Int'l & Comp. L. 769 (2003).

WIPO/GRTKF/IC/25. .

WIPO/GRTKF/IC/30/10.

（三）立法资料

澳大利亚昆士兰州《2004年生物开发法》

巴西《保护生物多样性和遗传资源暂行条例》（《第2.186-16号暂行条例》）

《波恩准则》

《非洲示范法》

哥斯达黎加《1998年生物多样性法》

秘鲁《土著集体知识保护法》

秘鲁《遗传资源获取管制法》

《名古屋议定书》

南非《国家环境管理：生物多样性法》

《生物多样性公约》

印度《生物多样性法》

《与贸易有关的知识产权协定》

《中华人民共和国地方各级人民代表大会和地方各级人民政府组织法》

《中华人民共和国民法通则》

《中华人民共和国野生动物保护法》

《中华人民共和国渔业法》

《中华人民共和国专利法》

后　　记

　　选择"遗传资源"作为我的研究对象，得益于早些年前我在一份秉持严肃态度的报纸上偶得的一篇文章，文章讲的是现代社会正在围绕遗传资源发生一场没有硝烟的"种子战争"。虽然自己不太相信"阴谋论"，但还是被文章所说的事实和后果震惊到了，继而意识到遗传资源之争并非是一个纯粹的技术问题，它已演变成经济利益问题，而且从法律视角出发，其理论研究和制度设计大有可为。当然，一旦开始着手研究，即刻面临不小的挑战，毕竟遗传资源与技术有密切联系，对于没有理工科背景的我来说，难免在思考过程中遇到障碍。但思考的乐趣不也正在于此吗？每当通过看书、与老师请教、与同仁交流获得启发和灵感时，都无比喜悦，提笔疾书。然而过了一些时日，经过思考的沉淀，又对先前自己的答案有了一些质疑，于是重新思考，重新写作。这个过程，犹如走在漆黑的路上，时而前行、时而折返，但终将循着前方微弱的光坚定地走下去。在追寻真理的路上，我深刻体会到古人所云的"路漫漫其修远兮，吾将上下而求索"的真谛。

　　这一书稿是在我博士论文的基础上加工完成的。在此，衷心感谢我的导师——吴汉东教授多年来对我的关怀和培养，他渊博的学识、广阔的视野、创造性的思想和严谨的态度，使我受益终生。每次与吴老师讨论和交流，都有醍醐灌顶之收获，他总是能一针见血地指出我文章的疏漏，并高瞻远瞩地赋予我文章可以提升的空间和意义。我深深地被导师的学术涵养所折服！还要感谢曹新明教授、胡开忠教授、黄玉烨教授、赵家仪教授、彭学龙教授在论文撰写过程中提出的宝贵意见。从开题到答辩，他们对我写作过程中的文字措辞、谋篇布局都给予了犀利的点评，为我更好的写作指明了方向。同时感谢我的师兄兼同事严永和教授，他的鼓舞和鞭策为我的前行提供了莫大的助力。

特别感谢我的丈夫朱其敏先生，作为有同样法学专业背景的他，在繁忙的实务工作之余，还被我"硬拽"着做我学术困惑的第一个倾诉对象，并总被要求给予我建设性的意见，在写作后期他还承担了我所有文字的校对工作。此外，论文写作过程伴随着女儿的出生和成长，每每在她要求我多陪伴时，我总是以"妈妈还要写博士论文"为由推辞。虽然她还不太懂得妈妈在做什么，但也已明白写博士论文是一件特别重要的事情，于是由一开始的不情愿转变为后来的习惯和接受。我愿把这本书献给我的他和她。

最后特别感谢我的父母，我人生阶段的每一个进步都离不开他们的辛勤抚育和全力支持，他们无怨无悔地承担着所有繁重的家务和忍受着我的"坏情绪"。值此书完成之际，唯愿自己的努力能回报父母的恩情。

也以此书献给曾经为凝神静读，在无数个日夜，在图书馆里挑灯、在汽车里小憩的自己。